イラスト&図解

ゼロからはじめる
英文会計入門

第3版

第一工業大学准教授
博士（総合社会文化）
中小企業診断士
BATIC® コントローラー
建宮 努 [著]

Introduction to
International Accounting

中央経済社

Illustration by
TATEMIYA TSUTOMU

第3版執筆にあたって

　本書は2006年に初版が発行され，会計基準の変更等による改訂を経て，10年近くわかりやすい英文会計の入門書としてお使いいただいてきました。その間，会計基準の国際的な主導権争いのなか，国際財務報告基準（IFRS）が米国および日本でも認められるようになり，世界100カ国以上で会計基準のスタンダードとして使われるようになりました。日本でも，10年前までは海外展開が活発な会社では米国会計基準（USGAAP）を使っていましたが，ここ10年の動きの中で，日本基準から国際財務報告基準（IFRS）へ会計基準を変更する大企業が急速に増え，米国会計基準（USGAAP）を使っていた大企業の中からも国際財務報告基準（IFRS）に会計基準を変更する大企業が出始めました。

　この大きな国際的な会計基準統一化の動きに合わせ，第2版までは米国会計基準（USGAAP）中心，補足的に国際財務報告基準（IFRS）だった構成を変更し，国際財務報告基準（IFRS）を中心に解説をする書籍として第3版を執筆いたしました。

　また，本書は，2015年より日本における国際財務報告基準（IFRS）の公的な検定試験として試験制度が変更された国際会計検定BATICの入門レベル（Subject 1）のテキストとしても最適です。同じく最新傾向にあわせて改訂される『国際会計検定パーフェクト攻略問題集（Subject 1）〈第3版〉』を使って問題演習をしていただければ，短期間でSubject 1レベルをクリアすることができるでしょう。

　国際財務報告基準（IFRS）の知識はこれから数年にわたって大きなキャリアチャンスをもたらす最新のグローバル知識です。ぜひ本書で学んでいただき，大きなキャリアチャンスを手にしていただきたいと思います。

2015年9月

建宮　努

はじめに

　英文会計はあなたにチャンスをもたらす知識です。

　本書は，長年にわたる英文会計の講師経験をもとに，簿記の知識ゼロ，英語も別に得意ではない方でも英文会計の入門レベルの知識を身につけられるように工夫して執筆されています。というのも，私の生徒の多くが簿記の知識ゼロからの学習者だったので，そのように工夫する必要があったのです。

　簿記の知識がゼロの方に「英語」で「会計」という2つのハードルがある知識を理解していただくために，図解や，例題，たとえ話などを多く取り入れ，できるだけやさしい言葉でわかりやすく説明を行い，覚えたことをすぐに問題演習で確認するというかたちをとりました。このような工夫により，早く，実践的な知識が身につくようなつくりにしています。

　また，英文会計の学習者に女性が多いことから，楽しく学べるように，講師役としてかわいいチワワを登場させました。天才アカウンティング犬の「まりも」がみなさんに，英文会計の知識をお話していくというかたちで学習を進めていきます。

　各章の中で，「ここがポイント!!」というところをまとめて，わかりやすく足跡マークをつけておきますので，ページをめくるごとにポイントをつかんでくださいね。

　実際の取引の記録の仕方については，まりもの飼い主であるトムさんがネットビジネスを始めていくというストーリーの中で，図解とイラストを中心に楽しく学べるようにしました。

　特に学習の最初の段階で簡単な英文財務分析を行うことにより，会計の知識がいったいどのように活用されるのか？ということを体験できるようになっています。

会計の知識は，帳簿や財務諸表（経営の状態や成績がまとめて書いてある紙）を作るための知識と，そのデータを使うための知識がありますが，最初に使い方をざっくり知っておくことで，作るための知識をより容易に理解することができます。

　アメリカでは，会計でトップランクにあるイリノイ大学を中心にこのような指導法を取り入れており，本書もプロジェクトディスカバリーと呼ばれるこの指導プログラムを参考に組み立てましたので，読者のみなさんも，より最短距離で会計のもつ意味や利用法を理解していただけるのではないかと思います。英文会計の知識は，グローバル化が進む21世紀においてさまざまなチャンスを生み出す知識です。その理由は，国際的なM&A（企業の合併や買収）が増えることにより，会社の経営陣にも外国人が増え，経営会議の基本言語が英語になっていく可能性が高いからです。

　通常，経営会議では，メンバーに会計知識があることを前提として，会社の方向性や新しいビジネスに対する投資，今の業績などについての報告，議論が展開されますが，日本語でしか会計用語がわからない方は，早急に英語でも理解できるようにする必要があります。なぜなら，共通言語が英語になった場合，当然会計用語も英語になりますので，せっかく知識があっても業績報告や提案ができないということになってしまうからです。

　また，今，管理職にある方やこれから管理職を目指す方も，英文会計を学んでおく必要があります。会社でより高い報酬や，よりやりがいのある仕事を求める場合には，経営をコントロールする側，つまり管理職になっていくことが必要不可欠ですが，管理職とは，予算を達成すること，つまり人やシステムをうまく活用して，会計数字（要するにお金ですね）で結果を出すための管理をする人のことを指します。

　これからの日本は，上司や部下，取引先が日本人であるとは限らない時代に入っていきますので，彼らにうまく指示を出し，結果を出していくためにも，英語で会計を理解し，その専門用語を使って指示を出していくことが大変重要になってきます。

そして，この英文会計の知識を駆使してビジネスを展開できるマネージャーには，チャンスが増えてくるのです。

　このような英文会計の知識ですが，「会計って難しそう，しかも英語でしょ！」という印象を持つ方も多いと思います。

　しかし，会計は「ルール」であり数学ではありません。また，会計は英語で学んだほうが，用語もシンプルでわかりやすいのです。

　さあ，それでは早速学習に入っていきましょう。

2006年1月

建　宮　　努

■目　次

第3版執筆にあたって
はじめに

| 第1章 | 国際財務報告基準（IFRS：International Financial Reporting Standards） | .... *1* |

世界100カ国以上で使われる国際的な会計のルールを英語で学ぼう！——*1*

| 第2章 | 会計（Accounting）とは？ | .... *5* |

会計（Accounting）の本来の意味は「説明する」ということ——*5*

| 第3章 | 英文財務分析で，会計知識の活用方法を学ぶ | .... *9* |

　　1　5つの主な財務諸表（Financial statements）の内容とその読み方——*9*
　　2　バランスシートの定義と構造——*12*
　　3　バランスシートの読み方1—構造理解——*15*
　　4　バランスシートの読み方2—支払能力——*18*
　　5　バランスシートの読み方3—倒産しにくさ——*21*
　　6　インカムステートメントの定義と構造——*23*

7 インカムステートメントの読み方1—構造理解—— *26*

8 インカムステートメントの読み方2—問題部分の直し方—— *29*

9 キャッシュフローステートメントの定義と構造—— *32*

10 キャッシュフローステートメントの読み方1—傾向分析—— *35*

11 キャッシュフローステートメントの読み方2
　—社長のねらい—— *38*

12 もう一歩進んだ財務分析1—より厳密な支払能力—— *41*

13 もう一歩進んだ財務分析2—収益性（Profitability）—— *43*

14 もう一歩進んだ財務分析3
　—資産活用の効率性（Assets utilization）—— *45*

15 もう一歩進んだ財務分析4
　—負債管理（Debt management）—— *47*

16 もう一歩進んだ財務分析5—総合的な業績指標—— *48*

第4章　複式簿記（Double entry system） …… *51*

1 お金にかかわることが起きたら，途中経過をすべて記録するために2カ所の場所（プラスとマイナス）を用意します—— *51*

2 プラスとマイナスを記録するための2つの場所
　—デビットとクレジットと各カテゴリーの記録ルール—— *54*

3 ひとつのお金にかかわる出来事（取引）が起きたら2カ所に記録してチェック機能を持たせるDouble entry system（複式簿記）—— *57*

第5章　仕訳と転記（Journalizing & posting） …… *59*

1 ビジネスを始めるときの記録の仕方—— *59*

2 まずComputer（コンピュータ）をCash（現金）で買いました
　—— *62*

- 3 次にInventories（商品在庫）をCash（現金）で買いました ―― *65*
- 4 インターネットで最初のお買い上げ発生！―― *68*
- 5 後払いで商品の仕入をしました ―― *71*
- 6 後もらいで商品を売りました ―― *74*
- 7 家賃をCashで払いました ―― *77*
- 8 水道光熱費をCashで払いました ―― *80*
- 9 お客さんが後払い分3,500ユーロのうち，まず3,000ユーロをCashで払ってくれました ―― *83*
- 10 後払いで仕入れた紅茶代金のうち，まず1,000ユーロをCashで払いました ―― *86*
- 11 実際の日々の記録の仕方（Journalizing & Posting to the ledger）―― *89*

第6章 試算表（Trial balance） ……… *93*

- 1 月末ごとに，すべてのポスティングされたデータが正しく入力されているかを確認するための"Trial balance"（試算表）―― *93*
- 2 トライアルバランスの限界
  ―トライアルバランスではわからないミスとは？―― *96*

第7章 修正仕訳（Adjusting entry） ……… *99*

- 1 会計は現金の動きに関係なく，取引発生時を基準として記録する発生主義を使います ―― *99*
- 2 2つのタイプの修正仕訳について
  ―前払・前受タイプと未収・未払タイプ ―― *102*
- 3 前払・前受タイプの修正仕訳 ―― *111*

- 4　未収収益・未払費用の修正仕訳 —— *117*
- 5　前払タイプの特殊なもの—減価償却（Depreciation） —— *120*
- 6　減価償却（Depreciation）の定義と計算の三要素 —— *123*
- 7　減価償却の仕訳と減価償却の計算（ストレートラインメソッド1） —— *125*
- 8　減価償却の計算（ストレートラインメソッド2） —— *129*
- 9　減価償却の計算（加速償却法） —— *131*
- 10　級数法（Sum of the year's digits method） —— *134*
- 11　2倍定率法（Double declining balance method） —— *137*
- 12　決算までの大まかな流れ —— *140*

第8章　精算表（Work sheet） …… *143*

- 1　精算表（Work sheet）はトライアルバランスに修正仕訳の情報を合体させ，財務諸表を作るための表です —— *143*
- 2　修正仕訳の処理—1 —— *145*
- 3　修正仕訳の処理—2 —— *148*
- 4　修正仕訳の処理—3 —— *151*
- 5　修正仕訳が正しく入っているか確認をして，インカムステートメントへ —— *154*
- 6　インカムステートメント —— *157*
- 7　バランスシート—1 —— *160*
- 8　バランスシート—2 —— *164*
- 9　Cost of sales の計算法—1 —— *169*
- 10　Cost of sales の計算法—2 —— *171*
- 11　Cost of sales の計算法—3 —— *175*
- 12　Cost of sales の計算法—4 —— *178*
- 13　Sales の計算法 —— *181*

14 ワークシートの計算問題——*184*

15 ワークシートから財務諸表へ——*187*

第9章 特殊仕訳帳（Specialized Journals） *191*

1 特殊仕訳帳（Specialized Journals）の役割とは？——*191*

2 Specialized Journalsのサンプル1—Sales, Purchase——*194*

3 Specialized Journalsのサンプル2—Cash receipt, Cash payment——*197*

第10章 その他のトピックス（Other topics） *199*

1 その他の項目1—Dividends（配当金）——*199*

2 その他の項目2—Petty cash（小口現金），Interest bearing notes（利付き手形）——*201*

3 その他の項目3—現在価値（Present value）——*204*

4 その他の項目4—内部統制（Internal control）——*207*

5 その他の項目5—現金及び現金同等物（Cash & cash equivalent）の定義——*210*

6 その他の項目6—銀行勘定調整表（Bank reconciliation）——*213*

7 その他の項目7—会計公準（Accounting assumptions）と会計原則（Accounting principle）——*220*

8 練習問題（Excersise）——*222*

第1章
国際財務報告基準
(IFRS：International Financial Reporting Standards)

世界100カ国以上で使われる国際的な会計のルールを英語で学ぼう！

　会社が決算書を作るときのルールを会計基準といいます。会計基準を作るときには「どの会社が良い会社なのか？」ということが数字を見れば投資家や銀行，取引先，従業員などにわかるようにルールを設定します。国によっては，早く投資家に利益をもたらす会社が良い会社と考える国もありますし，そんなに急がずとも品質にこだわって良い製品を作り，ブランドを確立する会社が良い会社だと考える国もあるでしょう。

　ですので，以前は，その国ごとに会計基準があり，「良い会社」の定義も国ごとに違っていたのです。

　しかし，インターネットが普及して，世界中どこでもボタンひとつで投資できるシステムが整うと，会計基準がそれぞれの国でバラバラだと，投資家たちはその都度新しいルールを勉強しなくてはならないし，会計ルールが異なる国の会社どうしを比較するのは，数字の前提が異なるためにとても困難でした。

　そこで，会計基準を世界統一しようという動きがはじまり，現在では100カ国以上が使う世界共通基準として「国際財務報告基準：IFRS」が整備されました。

　IFRSを作成しているのはロンドンにあるIASB（International Accounting Standards Board：国際会計基準審議会）です。

IFRS（国際財務報告基準）は，IASB（国際会計基準審議会）が作成しています。

　日本でもIFRSを使って決算報告をしてもよいことになり，現在では製薬会社，ネット販売会社，商社を中心に，IFRSで決算をする大手企業[1]が増えています。日本企業がIFRSを採用する主な理由は，グローバル金融マーケットで資金を調達する際に有利になるからです。

　IFRSは，イギリス会計をもとにして作られており，「ビジネスは投資である」と考えるアングロサクソン的な考え方から生まれたものといえます。

　これに対して日本やドイツの会計基準は「銀行からお金を借りるための情報を提供する会計基準」といえます。日本やドイツは，モノづくりにこだわる長期的なビジネスシステムを官民あげて作りあげてきており，銀行からの長期融資を前提にしたメインバンクシステムをベースにしてきました。

　しかし，世界の会計基準は「投資家向けの会計」をベースに統一化が進んでいますので，これからの経営者は投資家の視点に立った経営をしていく必要が高まるでしょう。

　IFRSとよく似ている会計基準にアメリカの会計基準USGAAPがあります。IFRSとUSGAAPで一番違っているところは，IFRSは細かいところは会計担当者と監査法人の責任にまかせる原則主義であることに対して，USGAAPは細かいところまでルールで定める細則主義であることです。

　USGAAPは細かく基準を定めることで会計基準の品質を高くし，世界的な会計基準となることを目標としていましたが，この細かさの裏をついた大きな不正がエンロンやワールドコムという会社を中心に発生し，信頼を大きく損ねてしまいました。そこで，IFRSでは細かく決めすぎずに，会計担当者と監査

---

[1]　2015年4月現在でIFRSを採用している企業は38社，採用予定の会社は37社で合計75社の大手日本企業がすでにIFRSへ移行している。
　　日本取引所グループホームページ：2015年4月24日アクセス。

法人の良識のもとに判断させることで，市場の監視の中でその良否を判断するというIFRSが世界基準としての信頼性を高めていったのです。

最新のIFRSの状況を知るためには，IASBのホームページ，日本の会計基準を作っているASBJのホームページなどで新しい情報をウォッチしていくことをオススメします。また，IFRSとよく似ていて，アメリカの企業を中心に使われているUSGAAPについてもウェブサイトで最新の情報をウォッチしておくとよいでしょう。

"Financial Reporting Standards for the World Economy"[2] によれば，すでに世界の83％の地域でIFRSは採用されていて，実質的にグローバル基準となっています。

IASBのホームページ http://www.iasb.org/Home.htm
FASBのホームページ http://www.fasb.org/home
ASBJのホームページ https://www.asb.or.jp/asb/top.do

IFRS

(International Financial Reporting Standards：
国際財務報告基準)

- IFRSはIASBが作成しており，世界100カ国以上で認められている国際的な会計基準である。アメリカでは2007年から上場する外国企業にIFRS適用が認められ，日本では2010年3月から国内上場企業での任意適用が認められている。

- IFRSの作成団体であるIASBの正式名称はInternational Accounting Standards Board：(国際会計基準審議会)である。

---

[2] http://www.ifrs.org/Use-around-the-world/Documents/Financial-Reporting-Standards-World-Economy-June-2015.pdf ：2015年9月15日アクセス。

第2章
会計（Accounting）とは？

会計（Accounting）の本来の意味は「説明する」ということ

さあ，これからみなさんと，英文会計の学習を楽しく進めていきましょう。

ここでは，「簿記の知識ゼロ」の方を対象にお話を進めていきますので，日本の簿記を日本語で勉強したことのある方は，学んだところを確認するつもりで読んでくださいね。

まず，これから学習する会計のことを英語で"Accounting"といいます。もとになったのは"Accountability"という言葉で，「説明する」という意味です。

誰に何を説明するのでしょうか？　会計は「会社の財産の状態や経営の状況」を，「その会社にお金を出してくれている人や，お金を貸してくれている人，その会社と取引をしている人など」に，説明する役目を持っています。

会社はいろいろな人と協力して，ビジネスを行っています。早くビジネスを大きくしていくためには，自分のお金だけでなく，他人のお金も使うことができます。つまり，投資してもらったお金や貸してもらったお金を増やして戻すという約束をすることにより，他人からお金を得て，そのお金を使うことによりビジネスの拡大スピードを速めることができるのです。

このお金を調達する手段としては大きく2つの手段があります。1つ目は，株式発行という手段で，会社の所有権を分割売却してオーナーの1人になってもらう方法です。そして会社の所有権を売ったお金を会社の運営資金にするの

> ① Accounting（会計）の本来の意味は「説明する」ということです。
> ② 会計によって作られる決算書は，経営者，投資家，取引先，従業員などが会社の状態を判断するために活用されています。

です。もう1つは借入という手段で，現金を銀行や企業，個人などから借り入れ，期限をつけて利息とともに元本（借り入れた元の金額）も返済するという手段です。

　会社の所有権を分割売却してお金を集めるとき，その所有権を記録したものを「株」といいますが，株で手に入れた資金を使ってビジネスをすることは，「経営のプロ」として株主に代わってお金を増やす役目を委託されたのと同じです。また，借り入れた資金を使ってビジネスをする場合は，利息を上回るリターンを生み出さないと返済をすることができません。

　ですから，大事なお金を預かった経営者には，外部からその会社にお金を出している人たちに対して，「今の会社の財産の状態はどうなっているのか？」，「経営は順調なのか？」，「投資したお金は効率的に使われているのか？」，「儲けはどのくらい出ているのか？」，「売上に対してきちんと現金が回収されているのか？」，「現金のやりくりに問題はないのか？」ということについて，定期的にまとめて報告していく義務があるのです。

　そして，あなたの会社の取引先はいつも「あの会社と後払いで取引しているけれど，売った商品代金分をちゃんと支払ってくれるだろうか？」と心配しています。常識的には商品を売ったら，その対価である代金は支払ってもらえるはずだと考えられていますが，現実には相手の会社に十分な支払能力がなければ，お金を支払ってもらえないこともあります。その場合，もしその取引先の会社が商品を仕入れて販売している会社であれば，誰かに仕入れた代金を支払う必要がありますので，自分の会社が危なくなってしまうので，取引先の会

社は「この会社と付き合っていて大丈夫かな？」ということを確認するために，常にあなたの会社の会計の情報を確認しているのです。

さらに，従業員の人たちも，会計の情報に敏感になる必要があります。今までは自分の会社の決算書を読んだことのない方も多かったのですが，これからは必ず自分の会社の決算書をチェックすべきです。なぜなら，その会社にいることは安全なのか，またこれからこの会社は伸びる見込みがあるのかどうか，どこを伸ばそうとしているのかがわかるからです。

外から見える会社の姿（ブランド，知名度など）と会社の財務状態（お金の状態）にはあまり関連性がありません。外からは大変良い会社に見えても，中はボロボロという会社も多くあるのです。

さあ，それではこれから財務諸表の種類や構造，図解による簡単な財務分析（Financial analysis）のやり方をお教えします。財務分析の方法を知ることで，みなさんは会社の見方がわかり，この会計の役目についてよく理解できるはずです。

第3章
英文財務分析で，会計知識の活用方法を学ぶ

1 5つの主な財務諸表（Financial statements）の内容とその読み方

　図解の財務分析に入る前に，簿記の知識ゼロの方がどうしても知っておかなければいけないことがあります。それは，5つの主な Financial statements（財務諸表）の名前，内容と，その構造です。

　Financial statements というのは，さまざまな角度から会社の状態を数字で表したもので，一般的には決算書といわれています。

　この Financial statements には大事なものが5つあります。

> **5つの主な Financial statements**
> - Statement of financial position
>   （Balance sheet：貸借対照表）
> - Statement of profit or loss and other comprehensive
>   （Income statement：損益計算書）
> - Statement of cash flows
>   （キャッシュ・フロー計算書）
> - Statement of change in equity
>   （資本変動計算書）
> - Note（注記）

ここでは簡単に，それぞれの Financial statements が，どのような性格を持っているものなのかについてお話しておきましょう。
　まず Statement of financial position ですが，これは IFRS ができてからの言葉で，日本語にすると「財政状態計算書」というものです。ちょっと堅苦しい感じがしますね。一般的には "Balance sheet" と呼ばれていて，日本語では「貸借対照表（バランスシート）」といいますので，ここではわかりやすくバランスシートと覚えておきましょう。
　バランスシートとは，「会社の財産の健康状態（財務バランス）を示す紙」というものです。この紙を読むと，「この会社は付き合っても安全な健康な会社なのか？　どのくらい借金をしているのか？　経営を続けていく体力があるのか？」などがわかります。
　そして次の Statement of profit or loss and other comprehensive は，これも IFRS ができてからの言葉で，日本語にすると「純損益およびその他の包括利益計算書」というものです。これもちょっと堅苦しい感じですね。また，その他の包括利益（Other comprehensive）というのは，ちょっと難しい概念で，年金の運用や為替リスクへの対応などを中心に会社の金融活動の腕の善し悪しを数値で判断するものですが，内容的には上級英文会計で扱うものですので，ここではもう少しシンプルに今まで使われていた "Income statement（インカムステートメント）" を覚えてください。これは日本語では「損益計算書」といいます。
　Income statement というのはアメリカ流の言い方で，イギリスでは Profit and loss statement といいます。同じ English でも米語と英語の違いがありますので，注意しましょう。日本語でもよく P/L（ピーエル）と呼ぶときがありますが，これは英語の Profit and loss statement の略です。この紙の意味は，会社の業績（つまり儲かっているかどうか）を報告する紙というものです。
　3番目の Statement of cash flows は，日本語では「キャッシュ・フロー計算書」といい，とても注目されている紙です。その理由は，株価がこの計算書の数字と連動することがよくあるからです。この紙には，「現金はいくら会社に

>
> **主な財務諸表には**
> ① Balance sheet（Statement of financial position）
> ② Statement of profit or loss and other comprehensive income
> ③ Statement of cash flows　④ Statement of change in equity　⑤ Note
> の5つがあります。まずはそれぞれの内容，構造，使い方を覚えましょう。

入ってきて，いくら出て行ったのか？　そして今いくらあるのか？　それはどのような取引でそうなっているのか？」ということがわかります。

　キャッシュ・フロー計算書が日本に導入されたのは2000年3月決算からで，まだその歴史は長くありませんが，今の株主は，この決算書の数字を見ながら投資の判断をしています。以前はIncome statement（損益計算書）の最終純損益を見ている方が多かったのですが，バブル後やリーマンショック後に黒字なのに倒産する大企業が多く出現したため，株主はこの純損益という数字を信用しなくなってしまったのです。

　利益は操作できますが，現金（Cash）は操作がしにくいので，ごまかしのない数字として投資の判断に利用されていると考えられます。

　4番目のStatement of change in equityは日本語では「資本変動計算書」といいます。この入門レベルではあまり深く内容を学びませんが，「この会社の株主から投資してもらったお金や，会社の元手として投資した自前のお金は，この1年間でどのように変化したのか？」がわかる表です。

　そして，最後のNote（注記）ですが，これは，財務諸表の補足情報として，この会社がどういう会計方針で決算書を作っているのか，それぞれの会計処理はどのように判断して行っているのかなどについて説明したものです。

　この注記を詳しく読むことによって，その会社の決算書をしっかり理解することができるのです。

2 バランスシートの定義と構造

それでは，まずバランスシートの定義と構造について見ていきましょう。バランスシートの英語による定義は以下のようなものです。

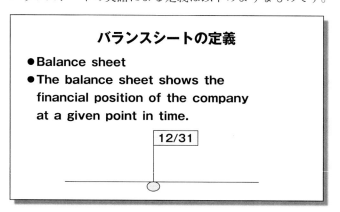

バランスシートには大きく3つのカテゴリーがあります。それはAssets（資産），Liabilities（負債），Equity（純資産）というものです。次ページの図を使ってカテゴリーごとの意味や，どんなことを記載するのかを覚えましょう。

まずバランスシートの左側には"Assets"というものが書かれます。これは「現金または，会社が所有している現金を生む可能性のある権利」という意味です。日本語ではAssetsのことを「資産」と呼びます。それでは，どのような内容が記載されるのかを具体的に考えてみましょう。

まず現金（Cash）は，Assetsの代表選手です。そして，商品（Inventories）は，他の会社やお客さんに販売できれば現金が得られますので，これもAssetsの重要なものです。また，建物（Buildings）や機械装置（Equipment）もAssetsです。なぜならこれらを持っていれば，その建物や機械装置を使ってビジネスをすることもできますし，他人に貸して賃貸料を取ることもできるからです。さらに形がない権利（Intangible）もあります。例えば著作権

ここがポイント!! Assets（資産）＝ Liabilities（負債）＋ Equity（純資産）という関係がバランスシートの構造であり，これを会計等式といいます。A＝L＋Eという頭文字で覚えましょう。

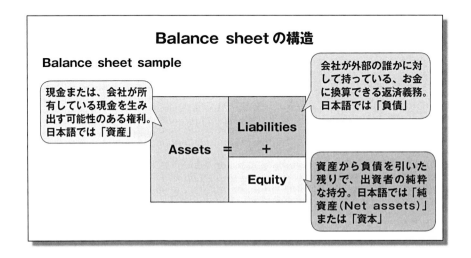

（Copyright）や特許権（Patent）などです。これらの権利も自分で使うこともできますし，他人に貸して使用料を取ることもできます。このように「現金または，会社が所有している現金を生む可能性のある権利」が Assets です。

会計的に考えると，ビジネスというのはA社とB社の Assets の所有権の交換です。例えばA社の Assets である「商品（Merchandise）」の仕入値に儲け分を上乗せしてB社に販売すると，B社はその交換対価として「現金（Cash）」を支払ってくるというのが商売の基本です。

そして，バランスシートでは，この Assets を手に入れるための資金の出どころについて，反対側（右側）に記録します。

借金をして Assets を手に入れた場合は "Liabilities" として記録します。

これは「会社が持っていて，お金に換算できる返済義務」という意味です。

これを日本語では「負債」といいます。

　ですから，まずバランスシートでは，"Assets"が「権利」で"Liabilities"は「義務」だと覚えましょう。そのように理解しておくと，上級レベルの学習をしたときも楽に理解できるはずです。

　自前のお金を出資したり，株主から出資を受けた場合は"Equity"「純資産」として記録します。これは会社の元手となる資金を自分で出した，またはオーナーである株主に出してもらったという意味です。「資本」という言い方もあります。

3 ▎バランスシートの読み方 1 ―構造理解

それではバランスシートをどのように読むかについて学んでいきましょう。

ここでは，図解による理解の仕方をします。まずはバランスシートを右側に倒しましょう。イメージは下の図を見て理解してください。

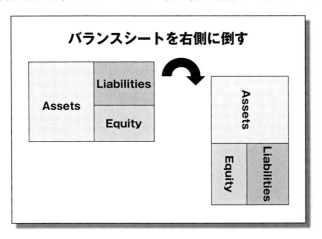

そして，ここでバランスシートのもう少し細かい構造について学びましょう。実はバランスシートの各カテゴリーはもう少し細かく分かれています。次ページの図を見てください。

まず Assets は "Current assets"，"Non current assets" の大きく 2 つに分かれています。そして "Non current assets" はさらに細かく "Fixed assets"，"Intangible assets" の 2 つに分かれています。

Current assets の "Current" とは「 1 年以内」という意味で，Current assets は 1 年以内に現金化しそうなものを指します。これを日本語で「流動資産」といいます。次の Non current assets は，日本語では「固定資産」と呼ばれ，「基本的に 1 年以内に売却しないのですぐに全額の現金化はしない，しかしその Assets を長期間使用することで継続的に収益を生み出そうと考えて

ここがポイント!! Currentは「1年以内」という意味です。Current assetsは1年以内に現金化しそうなもの，Current liabilitiesは1年以内に返済日が来る借金のことです。

いるもの」を指します。この中には，PPE（Property, plant and equipment：有形固定資産）とIntangible assets（無形固定資産）があり，有形固定資産には土地，建物，設備などが含まれ，無形固定資産には著作権（Copyright）や商標権（Trademark），特許権（Patent）などが含まれます。

下に移って，Liabilitiesも見てみましょう。Liabilitiesは"Current liabilities"と"Long-term liabilities"の2つに分かれます。

"Current"は「1年以内」という意味ですから，Current liabilitiesは1年以内に返済しないといけない支払義務，つまり1年以内に返すべき借金を意味します。これに対してNon current liabilitiesは，支払期限が来るのが1年よりも先になっている借金を記入するカテゴリーです。

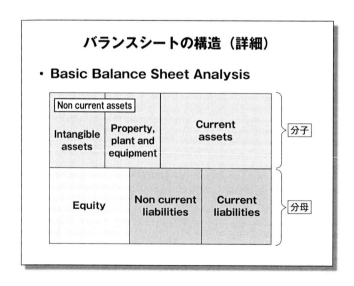

"Current liabilities"は日本語では「流動負債」，"Non current liabilities"は日本語では「固定負債」といいます。こうして見てみると，日本語の会計用語で「流動」という言葉は「1年以内」という意味であり，「固定」という言葉は「1年以上」という意味で使われていますね。最初からそういう日本語にすればわかりやすいのにと思います。日本語の簿記の用語には，専門用語として短縮化しようとしたために，かえってわかりにくいものも多いのです。

　さて，それでは実際にどのようにしてバランスシートを読むのかをご紹介しましょう。まず横に倒したバランスシートの横の中心線を分数の線と考え，上のAssetsを分子，下のLiabilities & Equityを分母と考えます。

4 ▍バランスシートの読み方2—支払能力

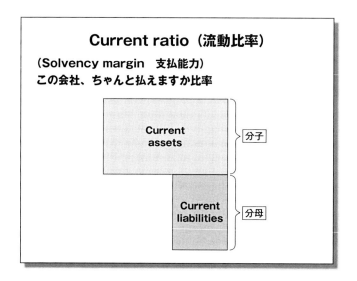

　最初にチェックするのは、この会社の支払能力です。わかりやすくするために、必要のないものを除いて考えましょう。分子で残すのは"Current assets"、分母で残すのは"Current liabilities"です。

　Current liabilitiesは、「1年以内に現金で返さなければならない借金（返済義務）」でしたね。ということは、最悪でもこの分母のCurrent liabilitiesの金額を返せるだけの現金を持っていないと、会社は1年後に返済不能になって倒産する危険性が出てきます。

　上のサンプル図を見ていただくと、だいたい分母に対して分子のCurrent assetsが2倍くらいあるのがおわかりいただけるかと思います。Current assetsは「1年以内に現金化しそうなもの（権利）」でしたね。ですから、この会社は「1年以内に返済すべきこの分母の借金を返すだけの現金を持っている。つまり支払能力があるだろう」と推測できます。

　このとき、専門的には「Current ratioが200％である」といいます。"Current

第3章　英文財務分析で，会計知識の活用方法を学ぶ　　19

バランスシートで最初にチェックする Current ratio では，「この会社，ちゃんと払えますか？」ということがわかります。危険なので払えない会社と付き合ってはいけません。

ratio" は，平たくいうと，「この会社はちゃんと払えますか？」という比率で，日本語では「流動比率」といいます。意味は支払能力（Solvency margin）を判定するための指標ということで，アメリカの企業では200％くらいあるのが望ましいとされており，日本の企業では150％以上あると安全だといわれています。

急速に成長しつつあるアジア企業でも，まだまだ会計情報の信頼性が保たれていない場合もありますので，200％くらいを目安に考えるのが無難でしょう。

日本の企業のほうが必要な指標率が低いのは，銀行が助けてくれる可能性があるからです。アメリカの銀行は投資が中心であり，融資には厳しいチェックが入りますので，日本ほどは銀行に頼れないという前提で高い支払能力が要求されるのです。

さて，今度はバランスシートを反対の左側に倒してみましょう。

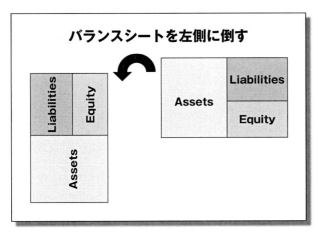

左側に倒すと今度は Assets が下（分母）になり，Liabilities & Equity が上（分子）になります。下の図で確認してください。

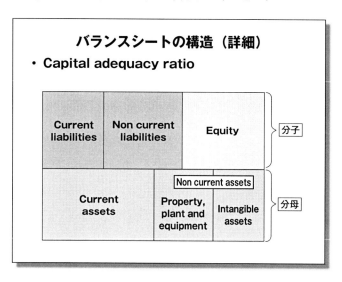

5 バランスシートの読み方3―倒産しにくさ

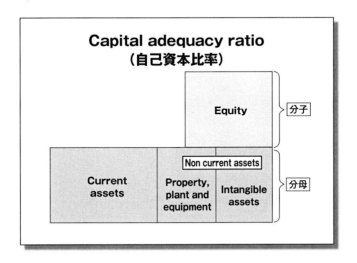

　今度は会社の安全度（倒産しにくさ）について見てみましょう。左側に倒した状態で，今回は使わない Liabilities を除いて考えてみましょう。

　上のサンプル図を見ていただくと，「分母の Assets に対して，分子の Equity がどのくらいの割合を占めているか？」という関係になっています。

　これは平たくいうと「どのくらい自前の資金で会社を運営していますか？」ということがわかる指標です。

　自前の資金で会社を運営するメリットは，非常事態が起きても倒産しにくいということです。例えば急に売上が下がったり，問題を起こして営業停止になっても，返済すべき借金が少ないので，返済不能になって倒産したりはしないということです。

　外部から借り入れた資金でビジネスを拡大することは，日本企業が得意としてきた手法です。特に日本やドイツは敗戦国として戦後を迎え，急速な復興が必要でしたので，国策として企業への融資を推進してきました。そのためバブル期前までは，ほとんどの企業が借金体質でした。しかし，金融ビッグバンを

> Capital adequacy ratio（自己資本比率）が高い会社は，外部への支払義務が少ないので，いざというときに倒産する危険度が低く，安全なのです。

経て資金調達のための証券市場も整備されてきたため，企業は資金調達の手段として借入れだけでなく，解散まで返済の必要がない株式による資金調達も積極的に活用するようになっています。

例題

ABC company has current assets €500,000, non curent assets €400,000 and current liabilities €250,000. What is ABC company's current ratio?

① 200%
② 100%
③ 50%
④ 80%
⑤ 30%

＜答え　①＞

＜解説＞

Current ratio は，1年以内に支払う借金である Current liabilities に対して，1年以内に現金化しそうな権利である Current assets をどのくらい持っているかという比率です。このケースでは短期（1年以内）の借金 €250,000 に対して2倍である €500,000 の現金化しそうな権利を持っていますので，Current ratio は 200％となり，健全な支払能力を持った企業だと判断できます。

6 インカムステートメントの定義と構造

次にインカムステートメントの定義と構造について見ていきましょう。インカムステートメントの英語による定義は以下のようなものです。

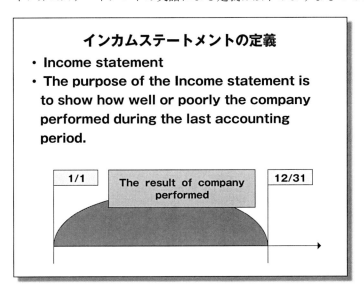

インカムステートメントは，その会社は今期儲かっているのか，赤字なのか，またその理由はなぜなのかということについて，構造的に計算していくことによって明らかにする紙です。実際の構造について見てみましょう（次ページ図参照）。

インカムステートメントには，まず一番上に"Sales"が記録されます。

Sales とは，お客さんに商品やサービスを提供し，その対価として受け取った金額のことで，日本の会計ではこれを「売上」といいます。

Sales のすぐ下には"Cost of sales"が Sales からマイナスする項目として記録されます。Cost of sales は，直訳すれば「売れた商品の仕入値」という意味で，日本の会計ではこれを「売上原価」といいます。

インカムステートメントは，その会社の業績を示すとともに，ビジネスモデルを構造的に表す表です。段階的にどのような点を見ればよいのかを理解していきましょう。

Income statement の構造

- Sales
- Cost of sales
- Gross profit
- Distribution cost, Administrative expenses
- Operating income
- Financial incomes & loss
- Profit before income tax
- Provision for income tax
- Profit for the year

　そしてその下にはSalesからCost of salesを引いた結果として"Gross profit"が記録されます。Gross profitは，売上から仕入値を引いた時点で，ざっくりどのくらい儲かっているのかを知るために計算されるもので，一般的なビジネスではGross profitは売上に対して30％ぐらい必要だと考えられています。

　その理由は，実際のビジネスではもっともコストがかかるのは「販売」や「会社を運営するための経費」であり，Gross profitの段階で30％ぐらい儲からないと経費をまかなうことができず最終的には赤字になってしまうからです。

　日本の会計ではGross profitのことを「売上総利益」または「粗利益」とい

います。

　Gross profit の下には，Gross profit からマイナスする項目として大きく2つの経費 Distribution cost と Administrative expense が記録されます。

　Distribution cost は商品を売るために使った経費のことです。Selling expense という言い方もあります。一般的な会社では，この「お客さんを見つけてきて，商品を買う決断をさせるまでのコスト」がもっとも大きいものです。これを日本の会計では「販売費」といいます。広告費や営業マンの給与などが代表的な販売費です。

　そしてもうひとつの Administrative expense は，会社を運営するためのコストの中で，直接的には販売と関係しないコストのことをいいます。会社の家賃や，営業マン以外の従業員の給与，水道光熱費などがこれに当たります。日本の会計ではこれを「一般管理費」といいます。

　Gross profit から Distribution cost と Administrative expense を引くと，Operating income が出ます。Operating income とは，「本業の儲け」のことです。

7 ┃ インカムステートメントの読み方 1──構造理解

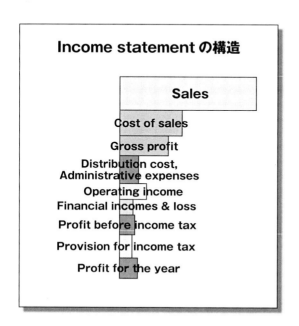

　Operating income は本業の儲けです。ここでいう本業とは，お客さんに商品やサービスを提供して対価をもらうビジネスをいいます。これを日本の会計では「営業利益」といいます。

　Operating income の下には，金融活動による儲けや損を記録する部分があります。Financial income & loss です。金融活動による儲けとは主に「利息」や「キャピタルゲイン」です。キャピタルゲインとは，Assets を安く買って，高く売ったときの差額のことです。例えば株を安く買って高く売った差額はキャピタルゲインですし，土地を安く買って高く売った差額もキャピタルゲインです。逆に損をしている場合はキャピタルロスになります。

　Operating income と Financial income & loss を分けて記録する理由は，どちらが多い会社なのかを見ることによって，その会社のビジネスモデルが判

> **ここがポイント!!** その企業が事業会社（お客さんに商品やサービスを提供している会社）なのか，金融会社（現金を貸したり，投資したりして利息や配当金，キャピタルゲインなどでリターンを得る会社）なのかを知るには，Operating income と Financial income を見比べることが有効です。

断できるからです。Operating income が多い会社は事業会社であり，お客さんがいて，商品やサービスを売るというビジネスが中心です。一方 Financial income が多い会社は金融会社であり，お金を他社に貸すか，投資することによって利益を上げるビジネスが中心です。

　Operating income に Financial income を足して，loss を引くと，Profit before income tax になります。これは税金が引かれる前の利益のことで，日本の会計でも「税引前利益」といいます。この利益を前提に今期の Provision for income tax（見込法人税）がいくらになるかを計算するのです。

　そして Profit before income tax から，今期分として計算された Provision for income tax をマイナスすると最終的な利益である Profit for the year（Net income ともいう）が計算されます。

　法人税の割合は，現在の日本の場合だいたい利益 100 に対して約 33（2015年度実効税率：東京の会社の場合）です。つまり 100 儲けても，手取りが 67 しかないのです。ですから，経営者たちは合法的にできる節税ならば，なるべく積極的にやろうと考えます。

　では，インカムステートメントをどのようにして読んだらよいのか，もっとも実務的によく使われる実数傾向分析をご紹介します。まず，次ページの図①を見てください。このように 3 年分くらいを並べて，例えば 100，120，140 のように，Sales が実数として伸びているかどうかを確認します。図①で示したこの会社は，売上が年々下がっているようですね。

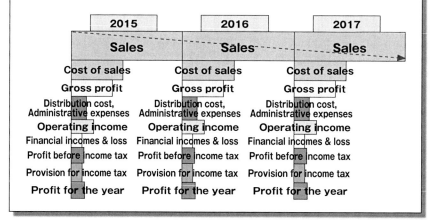

8 ┃ インカムステートメントの読み方2―問題部分の直し方

　売上が下がっていることが，実数傾向分析でわかった場合，単なるお勉強であれば，「売上が落ちていることが実数傾向分析でわかりました」で終わるわけですが，実務的に経営を行っているのであれば，そのまま放っておいたら会社は倒産してしまいます。

　ですから直さなくてはいけません。財務分析は「悪いところを発見して直す」ためにあるのです。売上が悪い理由は大きく，①競争に負けている，②顧客ニーズとズレている，の2つです。競争に負けている場合は，目標となるターゲット企業を決めて，まずはそこに追いつき，追い越すことを考えます。

　顧客ニーズとズレている場合は，消費者調査や，お試しキャンペーンなどでズレている部分を確認し，修正していくようにします。

　そうしますと，売上が伸びる傾向に直っていきます。しかし，図②のように

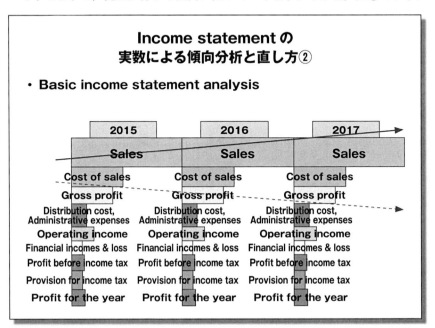

インカムステートメントの実数傾向分析は，悪いところを発見し，直すことが目的です。

売上が伸びていても，Gross profit がだんだん減少している会社の場合はどのように直したらよいでしょうか？ 実務的に直すためには，部下を呼んで指示を出さなくてはいけません。

もしあなたがこの会社の社長であれば，迷わず仕入担当者（Buyer）を呼んでください。仕入値がどんどん上がっているので，会社の利益を食いつぶしているのです。ですから，あなたは社長として，その部下に「今の仕入先に頼んで仕入値を下げてもらうか，ウェブオークションなどを使って，世界中からもっと安く仕入れられる新たな取引先を探すか，または，私が別の仕入担当者を探すか，どれがいいかね？」と言わなくてはいけません。そうしますと仕入担当者は自分の仕事を失っては困りますので，一生懸命がんばり，図③のように

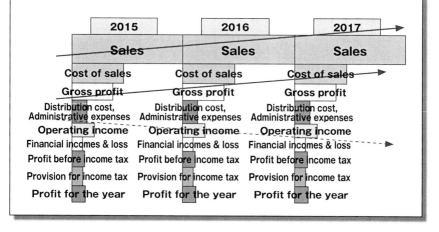

仕入コストはだんだんと回復していくでしょう。

しかし，この会社は，Operating income もだんだん下がっているようですね…。

Gross profit が上がっているのに，Operating income が下がっている会社の場合，あなたが社長であれば，通常，最初に呼んで指示を出すのは広告・マーケティング担当部長です。なぜなら，広告や営業活動にかかる経費が会社の中でとても多いからです。そしてそれでも直らないときは，総務部長を呼んでください。そして細かな経費をひとつずつチェックして，少しずつ落としていきます。それでも直らないときは，最終手段として人事部長を呼び，毎月の人件費を落とすことで図④のように直すのです。

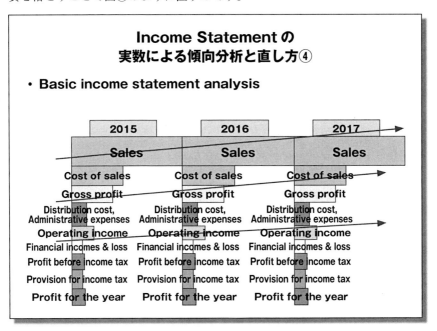

9 キャッシュフローステートメントの定義と構造

　本章の最後として，キャッシュフローステートメントの定義と構造についてご紹介し，どこを見るべきかというポイントについてお話ししましょう。
　キャッシュフローステートメントの英語の定義は以下のようなものです。

キャッシュフローステートメントの定義

- Statement of cash flows
- The purpose of the Statement of cash flows is to provide information about a company's cash receipts and cash payments during the accounting period.

　キャッシュフローステートメントは，「Cash（現金）が今期いくら入ってきて，いくら出て行ったのか，そして結果として今いくらあるのか，また，それはなぜなのか？」ということを明らかにする紙です。
　例えば去年のバランスシートに書いてあったCashの金額が100で，今年のバランスシートに書いてあるCashの金額が150だとします。これは，単純に50の現金が増えた結果なのかというとそうではなく，実はいくつもの取引によって，現金が入ったり，出て行ったりした最終結果として50プラスになっているということなのです。
　キャッシュフローステートメントでは，この50の違いを生み出したさまざまな取引を記録しており，この紙を見ると，この会社が大事なCashをどのようにして増やしたり，使ったりしているのかということがわかるのです。キャッシュフローステートメントは，取引の内容によって3段階のカテゴリーがあり，カテゴリーごとに分析していくと，いろいろなことがわかります。

第3章 英文財務分析で，会計知識の活用方法を学ぶ　　33

キャッシュフローステートメントは，去年と今年の現金残高の違いがなぜ生じたかを説明する紙です。3つのカテゴリーの意味をよく理解しましょう。

下の図を見てください。

Statement of cash flows の構造

- Cash flows from Operating activity
- Cash flows from Investing activity
- Cash flows from Financing activity

　まず一番上のカテゴリーから見ていきましょう。一番上は"Operating activity"といいます。ここでは会社の営業活動の流れ（Operating cycle）に沿って，会社に入ってきた Cash と出て行った Cash を記録します。このカテゴリーを日本の会計では「営業キャッシュフロー」といいます。

　例えば商品を仕入れて，他社に販売している会社では，「商品を仕入れて営業の準備をする段階で，仕入先に Cash を仕入代金として払う」ということをしています。つまり Cash out（現金が出て行っている）しているのです。そして「商品が売れると，お客さんから販売代金として Cash をもらう」ということをしています。つまり，Cash in している（現金が入ってきている）のです。そして，またこの入ってきた現金の一部を使って仕入れをし，販売をするということを循環的に行っており，これを営業サイクル（Operating cycle）

といいます。

　一番上のOperating activityでは，この営業活動によるCash inとCash outを記録しますので，通常はこのカテゴリーはプラスになります。Operating activityがマイナスの会社と取引するのは大変危険です。なぜなら営業活動をすればするほど現金がなくなっていくわけですから，最後は販売代金を払ってくれなくなるからです。

10 キャッシュフローステートメントの読み方 1―傾向分析

Statement of cash flows の構造

- Cash flows from Operating activity
- Cash flows from Investing activity
- Cash flows from Financing activity

　次に2段目の"Investing activity"を見てみましょう。ここでは，大事なCashをどこに投資したのかを記録します。このカテゴリーをよく読むと，その会社の社長がなにを考えているのかがわかります。

　なぜなら投資活動は社長が行うべき最も重要な意思決定で，伸びると思うところに大事なCashを投資して会社を成長させるのは社長の責任です。日本の会計ではこのカテゴリーを「投資キャッシュフロー」といいます。投資の対象としては，ビルなどの建物や土地，工場などに加えて，株などの金融商品も対象となります。

　このカテゴリーは，投資をしてCashが出て行っていますので，通常はマイナス残高になることが多いはずです。

　一番下の"Financing activity"は，Cashをどこから持ってきたのかを書くカテゴリーです。つまり，借入れをしたのか，株を発行したのかなど資金調達した内容や，そのうちの元本部分の返済や，配当を払ったかどうかなどについて記録します。

　この3つのカテゴリーの最終残高を合計すると，バランスシートのCash項

営業キャッシュフローカテゴリーは，基本的にプラスであることが必要です。

目に発生している去年と今年の差額に一致します。

キャッシュフローステートメントの読み方としては，まず，3年分くらいを横に並べて，実数でどのような傾向が出ているのかを見ることが基本です。

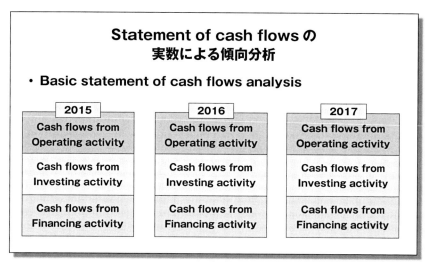

上の図のように，3年分を並べて，まず実数でOperating activityの期末残高がプラスであること，そして年々増えているかどうかを確認します。そうなっている会社は今成長を続けており，Cash flowsが良い状態で流れているといえます。このような会社は株価も高くなります。

電気，水道，ガスのような生活の基盤を支えているような企業を除いて，原則的にはOperating activityがマイナスの会社に投資してはいけません。現金不足で運転資金が回らなくなり，倒産するリスクがあるからです。また自分の会社のOperating activityがマイナスで，しかも毎年だんだんマイナスが増えているようでしたら，ひそかに転職活動を開始する必要があるかもしれません。

なぜなら，近い将来，現金不足で給料が約束通りもらえなかったり，ボーナスが出なかったりする状況になる可能性があるからです。

　利益がたくさん出ていても，Cash がなければ①仕入先への支払いができない，②新規の投資ができない，③給与が払えない，ということになりますので，まずは Operating activity の期末残高を時系列でチェックしてみることが大事です。

11 ▎キャッシュフローステートメントの読み方2―社長のねらい

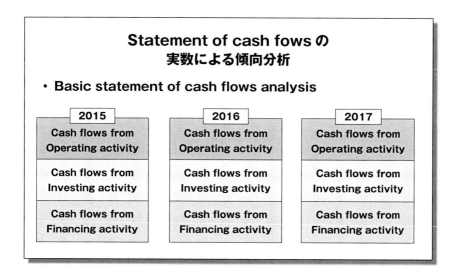

　キャッシュフローステートメントの一番下にある"Financing activity"を読むためには，少し専門的な知識が必要になりますので，学習初期のここでは割愛し，真ん中の"Investing activity"の情報の読み方をご紹介しましょう。

　Investing activityには，大事なCashをどこに投資しているかが数字で書かれていますが，具体的にどこに投資しているかというような情報は，このカテゴリーの数字の部分というよりは，欄外にFoot note（脚注）として書かれています。

　その欄外をよく読むと，最近のビジネスモデルについて知ることができます。

　次ページの図を見ながら説明しますが，例えば日本の有力企業であるトヨタなどは，本業でまずしっかりとしたビジネスを作るために，本業の車のビジネスにCashを投資します。しかし，実は車のビジネスはリターンの率がそんなにいいとはいえません。投資額を「100」とすれば，リターンは「105」くらいであり，差額として最終的に「5」儲かるビジネスモデルという感じです。

> 投資キャッシュフローカテゴリー情報からは，その会社の社長の意図が推測できます。

　そこでトヨタは，本業の車だけでなく，金融を新たにビジネスに加えています。

　金融事業では，本業で稼いだCashを，車を買ってくれる人にローンとして融資したり，または他社に融資したり，金融商品を買ったりします。そうしますと，「100」の投資に対して「108～115」くらいのリターンが得られます。つまり差額で「3～10」本業より儲かることになり，より速いスピードで儲かるビジネスなのです。

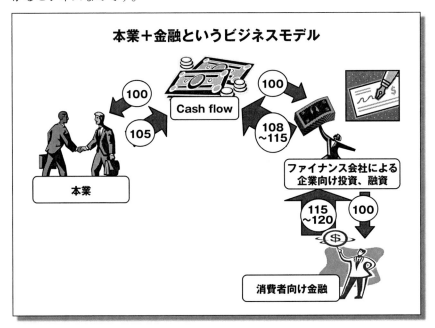

　そして一般消費者向けに現金を貸すことで，さらに高いリターンを得ることも実際に行われています（消費者向け貸付の場合は貸出額に応じて15～20％の金利を得ることが可能です）。本業で儲けたら現金をファイナンス活動

（融資，投資）に回しリターンを速めるという最近のビジネスモデル，これはInvesting activity から読み取れるのです。

このように Financial statements からはいろいろな事実を読み取ることができます。

12 もう一歩進んだ財務分析 1―より厳密な支払能力

　ここからは，もう一歩進んだ財務分析についてご紹介します。

　はじめのほうで学んだCurrent ratio（流動比率）は，会社の短期的な支払能力を分析するものでしたが，より厳密に分析する場合には，短期的な負債（Current liabilities）に対して，流動資産（Current assets）から棚卸資産（Inventories）を引いた金額がどのくらいあるかという分析をします。なぜ棚卸資産を引いて考えるかといえば，「売れなくて現金化できない可能性が高い」からです。

　この分析比率は当座比率（Quick ratio）と呼ばれ，より厳密な企業の短期支払能力を確認することができる比率です。つまり「ホントにちゃんと払えるかを分析する比率」ともいえます。

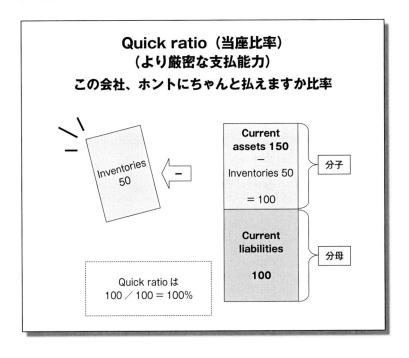

例えば，流動資産（Current assets）が150で，そのうち棚卸資産（Inventories）が50であれば，150から50を引いて残った100を流動負債（Current liabilities）100で割ります。すると，100％となります。これをQuick ratio（当座比率）といい，100％以上が望ましいのですが，商品が100％売れないということはあまりないので，多少は売れると考え，80％以上になっていれば短期支払いはまず大丈夫と考えられます。

13 もう一歩進んだ財務分析 2―収益性（Profitability）

次に「この会社は効率よく利益が出る仕組みになっているか？」を調べる分析をご紹介しましょう。

企業はより少ない費用で売上を上げられれば，よりたくさんの利益を得ることができます。ですので，売上も大事ですが，結局そこから費用や税金を引いた純利益がどのくらい残っているのかのほうがより重要です。

そこで，売上を 100 としたときに，どのくらいの利益を得ているのかを計算すると，その企業が上手に純利益を出す経営をしているかどうかがわかります。

そのひとつの指標が当期純利益（Net income margin）です。例えば，売上が 100 で，純利益が 5 だとすれば，当期純利益率は 5 ÷ 100 = 5%となります。

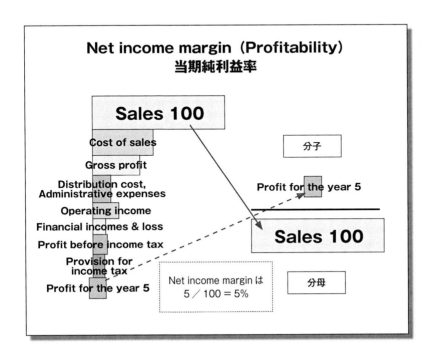

もし競合他社が売上 100 に対して純利益が 3 しかなければ，当期純利益率は 3％となり，前者のほうが利益を出しやすい，よい経営をしているということになります。

14 もう一歩進んだ財務分析 3—資産活用の効率性 (Assets utilization)

　今度は，会社収益を得るために，手持ちの資産を効率よく使っているかどうかを判断する分析指標をご紹介しましょう。

　売ろうと思って仕入れた在庫（Inventories：棚卸資産）は，売れると売上原価（Cost of sales）として記録されていきます。ですので，売上原価（Cost of sales）を期末に残っている在庫（Inventories）の金額で割ると，どのくらい高い頻度で売れているのか，つまり効率よく売れているかどうかがわかります。これを在庫回転率（Inventories turnover）といいます。

　例えば売上原価（Cost of sales）が30で今年の在庫の期末残額（Ending inventories）が5であれば，$\frac{30}{5}=6$ 回で，今年は期末在庫金額の6倍売れたことがわかります。これは回数が高いほど効率的に売れていると判断できる指標です。

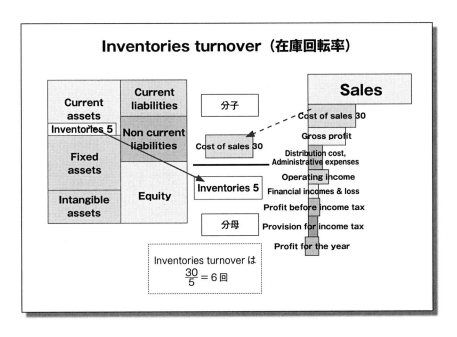

もうひとつの分析指標は，Total assets turnover（総資産回転率）です。

これは，会社の資産を効率的に活用して，実際の売上として何倍取り返しているかを示す指標です。

具体的には売上（Sales）を総資産（Total assets）で割ります。

例えば，売上が 1,200 で総資産が 1,000 であれば $\frac{1,200}{1,000}$ = 1.2 回となり，資産に投資したお金を売上として 1.2 倍取り返しているということになります。

この指標では，回転数が高いほど資産を効率よく使って売上を上げていることになります。

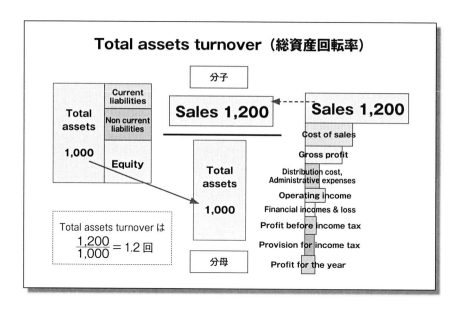

15 もう一歩進んだ財務分析 4―負債管理 (Debt management)

　会社を安全に経営していくためには，負債が多いのは問題です。なぜなら借金が返せなくなって倒産するリスクが高まるからです。そこで，総資産（Total assets）を 100 とした場合に，どのくらい負債でまかなわれているのかという比率を調べます。

　この比率は負債比率（Debt ratio）と呼ばれ，低いほうが望ましいと考えられます。例えば総資産（Total assets）が 1,000 のとき，総負債（Total liabilities）が 600 であれば，$\frac{600}{1,000}$ = 60％で負債比率は 60％となり，総資産の 60％は負債でまかなわれているということになります。このとき競合他社の負債比率が 30％と低ければ，競合他社のほうが財務的に健全な経営をしているといえます。

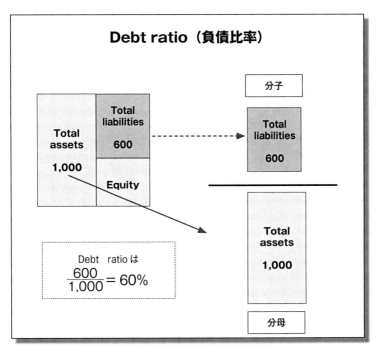

16 もう一歩進んだ財務分析 5 ―総合的な業績指標

投資家から見れば,自分たちの投資した資本である Equity(株主資本)がどのくらい税引き後の利益(Profit:当期純利益)を生み出しているのかがとても気になります。つまり自分たちのお金が効率的に利益を生み出しているかどうかを知りたいのです。

そこで,Equity(株主資本)を 100 としたときに Profit(当期純利益)がどのくらいあるのかを調べます。

これを ROE(Return on equity:株主資本利益率)といい,投資の効率を判断する指標として株主はいつも注目しています。

例えば,今当社の株主資本が 100 で,当期純利益が 8 であれば,ROE が $\frac{8}{100}$ = 8%となります。このとき競合他社の ROE が 12%であれば,競合他社のほうが投資対象として魅力的ということになり,投資家は当社の株を売って競合他社の株を買おうかなと思うかもしれないのです。

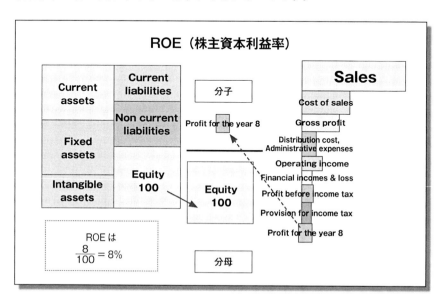

もうひとつの総合的な業績指標はROA（Return on assets：総資産利益率）です。これは会社の資産全体（Total assets）を使って，どのくらい効率的に営業利益（Operating income）を生み出しているかを調べる指標です。

ここで純利益（Net income）ではなく営業利益を使う理由は，純利益の計算に関係する支払利息などの金融費用は，負債に対するコストなので純粋に事業活動の効率性を見るときには除いて考えたほうがよいと考えられるからです。

例えば当社の総資産（Total assets）が1,000で，営業利益（Operating income）が150であれば，ROAは$\frac{150}{1,000}$ = 15%となります。このとき競合他社のROAが10%であれば，当社のほうがうまく資産を使って本業の儲けを出しているということになります。

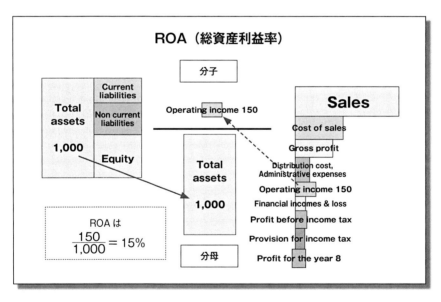

このように財務分析はさまざまな切り口から会社の運営状況を把握でき，大変役立つものです。その前提となる財務諸表をどのように作りあげていくのかを，これから一歩ずついっしょに学んでいきましょう。

第4章
複式簿記（Double entry system）

1 お金にかかわることが起きたら，途中経過をすべて記録するために2カ所の場所（プラスとマイナス）を用意します

　さあ，さまざまな Financial statements の構造と読み方がだいたいわかったところで，実際に Financial statements を作っていくための方法を学んでいきましょう。

　Financial statements を決められたルールどおりに作る技術・知識を，Financial accounting（財務会計）といいます。これに対して前章で学んだ Financial statements を使う知識を Managerial accounting または，Management accounting（管理会計）といいます。

　Managerial accounting には，Financial analysis（財務分析）だけではなく，Break-even point analysis（損益分岐点分析）や Cost accounting（原価計算）なども含まれ，財務会計で作成した数字に推測を加えた計算を行っていろいろな意思決定（Decision making）をするときに使っています。

　意思決定とは，会社の経営陣（Management）が，会社の方向性をどうするか，ビジネスの進め方をどのようにするのかについて，いくつかのプランを考え，その中から実行案を決めることです。そのために過去のデータである財務会計のデータに，状況によって変わる推測データを加えて数字データを作り，判断の裏づけとするのです。

　さて，第2章で Accounting（会計）は「説明する」ことだというお話をし

アカウンティング（会計）では，お金にかかわる出来事はプラスもマイナスもすべて記録します。プラスとマイナスを相殺してはいけません。

ました。ですから，会計の記録の仕方のルールとして，お金にまつわる出来事はプラスもマイナスも全部記録するというやり方をとっています。

具体的な例で考えてみましょう。例えばみなさんに，今150円を差し上げるとします。みなさんはお腹がすいたので，100円のパンを買いました。残りは50円ですね。

そして今，みなさんに「さあ，今どのようになっているのか報告してください」というと，多くの方が「50円残っています」と答えると思います。なぜなら一般的に私たちは現金が入ってくるか出て行くかを中心に考えているので，途中の出来事についてはあまり説明せずに，今いくら現金が残っているかという最終結果だけを伝えようとするからです。

しかし，お金を渡した私（投資家）としては，なぜ150円が50円になったのかという途中経過をきちんと把握しておきたいのです。大事なお金が変な使い道に利用されていないかを把握しておかないと安心できないからです。

そこで，次ページの図のように記録をすることにしたのです。

このように会計では，Cashは最初にプラスで150円受け取り，その後100円を払うことによって，代わりに100円のパンを手に入れていることをすべて記録します。ポイントはプラスもマイナスも全部記録しておくことです。プラスとマイナスを記録するためには2カ所の場所が必要ですので，紙の上に記録するときには，次ページの図のように記録したい名前（例えばCash）の左と右を使ってプラスとマイナスを全部記録することにしています。

第 4 章 複式簿記（Double entry system）

Accounting の記録の仕方

- Accounting は「説明する」ことが目的です。
- ですので、途中の紆余曲折がよくわかるように、企業の取引について、プラスとマイナスの両方を記録します。

例題：
みなさんにこれから 150 円差し上げます。
みなさんはそのお金で 100 円のパンを買います。
さあ、今どのようになっているのか記録して教えてください。

+ Cash −	+ パ ン −
150 | 100 ➡	100 |
50 |	100 |

会計の基本ルール!!

2 プラスとマイナスを記録するための2つの場所
―デビットとクレジットと各カテゴリーの記録ルール

　プラスとマイナスを両方記録するために用意された左と右の2つの場所を会計の英語でDebit（デビット）とCredit（クレジット）といいます。左がデビットで右がクレジットです。日本語の会計では左を借方，右を貸方といいますが，昔はそれぞれ意味があったのですが，現在では左と右という意味以外は特に意味はありません。単純に会計では左をデビットと呼び，右をクレジットと呼ぶきまりなのだと覚えておきましょう。

　「左」の意味であるデビットは，正式に書くと"Debit"ですが，通常"Dr."と略して使われます。また，「右」の意味であるクレジットは正式に書くと"Credit"ですが，通常"Cr."と略して使われます。なぜDebitなのにDr.と略すのかというと，DebitはもともとDebtor（債務者）という言葉が語源なので，これが略されてDr.となっているのです。

　会計のスキルを早く高めるためには，まず前章で学んだバランスシートやインカムステートメントの各カテゴリーで，プラスとマイナスを記録するときのルールをしっかり覚えることが重要です。まず下の図を見てください。

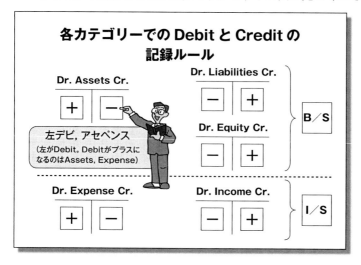

第4章 複式簿記（Double entry system）

> **ここがポイント!!** 左がデビット（Dr.）で右がクレジット（Cr.）。アセットとエクスペンスは左のデビットがプラスなので「左デビ，アセペンス」と覚えると，全部のカテゴリーを覚えたことになります。

　前ページの図では，上にバランスシートのカテゴリーである"Assets（資産）"，"Liabilities（負債）"，"Equity（資本）"が書かれており，下にはインカムステートメントの項目をシンプルに2つに分けた"Income（収益）"と"Expense（費用）"が書かれています。

　そしてまず左側の2つのカテゴリーである"Assets（資産）"と"Expense（費用）"を見てください。「左（デビット）に数字を記録するとプラス」，「右（クレジット）に数字を記録するとマイナス」となっていますね。

　しかし，反対側（つまり右側になっている）の3つのカテゴリーを見ると，逆になっています。つまり"Liabilities（負債）"，"Equity（純資産）""Income（収益）"は「左（デビット）に数字を記録するとマイナス」，「右（クレジット）に数字を記録するとプラス」となっているのです。

　これは会計の記録をするときのルールなので，どうしても覚えなくてはいけないものです。しかし，なるべく楽に覚えたほうがよいと思いますので，覚え方を考えました。

　まず左がデビットなので「左デビ」と覚えます。さらに左のデビットがプラスなのは「Assets（アセット）」と「Expense（エクスペンス）」なので，あわせて「アセペンス」と覚えます。続けて読むと「左デビ，アセペンス」です。

　さあ，みなさんも声に出していってみましょう。「左デビ，アセペンス」

　なんだかアホらしいなあと思うかもしれませんが，この呪文を唱えることで，この表全体を覚えたことになります。なぜかといえば，5つあるカテゴリーのうち，2つを覚えたことになるので，あとの3つは逆になっていると考えれば全部覚えたことになるからです。

まず「左デビ」ということで「ああ，ならば右はクレジットだ」とわかります。さらに「左のデビット側がプラスなのはアセットとエクスペンスだ」と覚えることで，「ああ，ならばあとの３つは左がプラスではなく，逆の右クレジットがプラスなんだ」とわかるのです。

　この呪文は大事ですから，今日寝る前に必ず大きな声で「左デビ，アセペンス！」と10回叫びましょう。なぜなら寝る前に大きな声で叫ぶと記憶が定着するからです。

　そうすれば，明日の朝起きたときもしっかり覚えていられるはずです。

3 ひとつのお金にかかわる出来事（取引）が起きたら2カ所に記録してチェック機能を持たせるDouble entry system（複式簿記）

さあ，ここまでにデビットとクレジットが会計上の左と右であること，さらにバランスシートや，インカムステートメントの各カテゴリーでは，デビットとクレジットのどちらがプラスでどちらがマイナスになるのかが違っているということについて学びました。

次に，会計記録の基本的なルールである Double entry system（複式簿記）について学んでいきましょう。

Double entry system は読んで字のごとく，「2カ所に入れる」というシステムです。つまり，ひとつのお金にかかわる出来事が起きると，それを1カ所だけに記録するのではなく，必ず2カ所に記録していくというやり方なのです。

2カ所に同じ数字を入れていくと，間違いがなければ，必ず2つの合計数字が合うはずですね。しかし，実務で経理事務の仕事をしていると，ときどき合計の数字が合わなくなることがあるのです。そうすると，「何か変だな？」ということになり，今までに入力した伝票をひっくり返して，ひとつずつ確認することになります。そこでミスが発見できるのです。

Double entry system とは？

- ひとつのお金で計算できる取引が発生したら，その内容を2つの場所に記録する方法。日本語では「複式簿記」という。
- Dr.（デビット：会計上の左の意味）と Cr.（クレジット：会計上の右の意味）の2カ所に記録していくことで，間違いがあったらすぐにチェックできる（左の合計と右の合計がずれるのでまちがいがわかる）

Double entry system は，ひとつのお金にかかわる事柄が起きたら，デビットとクレジットの２カ所に記録するシステムで，デビットとクレジットの合計を見てチェックできます。

　２カ所とは，前項で習った左（デビット）と右（クレジット）という２つの場所のことです。ひとつの取引があったら，必ずデビットに１回，クレジットに１回，同じ数字が記録されるのだと覚えておきましょう。

　このように Double entry system はひとつのお金にかかわる出来事を２カ所に同時に記録していくことで，チェック機能を持たせるシステムなのです。

　これを日本では「複式簿記」といいますが，最初から「２カ所に入れるチェックシステム」と訳してくれたほうがわかりやすかったのではないかなあと思います。

　それではいよいよ次の章から Double entry system の記録の仕方について，具体的な例を使って図解で学習していきましょう。

　ここでは，講師役の天才アカウンティング犬「まりも」の飼い主であり，なかなか給料が増えないサラリーマンの「トム」さんが，帰宅後の時間を使ってインターネットを使ったウェブビジネスを始めていくストーリーを使い，具体的な Double entry system の記録の仕方を図解で学んでいきましょう。そして，学んだあとにすぐ英文の練習問題を解くことで，より理解を深めていきましょう。

第5章
仕訳と転記（Journalizing & Posting）

1 ビジネスを始めるときの記録の仕方

　まず最初に，ビジネスを始めるときはどのように Double entry system で記録していくのかということを学びましょう。トムさんは，インターネットがどんどん発展していくのを見ながら考えていました。
「この仕組みを使って自分でビジネスができないかなあ？」
　そして，ペットのまりもに相談しました。まりもは突然変異で生まれた天才犬で，人間の言葉を理解でき，特注のマイクを通じて人間と会話することもできるのです。しかも，自分でペットモデルをやったり，ペット用の服を作ってネットで販売するビジネスをしているので，ビジネスやマーケティング，会計，税金などもよく知っており，なんと大学院も卒業して経営学の博士号も持っているのです。近所の人からは天才チワワ犬として知られています。
　まりもは答えます。
「こんなにインターネットが便利になったのだから，まあ気楽なつもりでやってみればいいんじゃない？」
「よし，それじゃあ，いっちょうがんばってみるか！」
　トムさんはすぐその気になりやすいので，早速ビジネスを開始することにして，11月1日にスタートすることも決めました。
「これまでためていた貯金€20,000をビジネスにつぎ込むぞ！」

> ビジネスをスタートするためにオーナーがお金を出したら，バランスシートのエクイティカテゴリーのクレジット（右）側に Share capital（資本金）という名前と金額を記録します。また，現金が入ってくるので，アセットカテゴリーに Cash（現金）という名前と金額を記録します。

トムさんが 11 月 1 日に 20,000 ユーロを元手にしてビジネスを始めたとき，Double entry system では下の図①のように記録されます。

まず，会社を設立して株主やオーナーがビジネスに投資するとき，それを "Equity" というカテゴリーのことをバランスシートのところで学びましたね。より具体的には，Share capital（資本金）という名前で会社の元手となる事業資金がプラスで 20,000 ユーロ増えたと記録します。Equity（エクイティ）は「アセ」でも「ペンス」でもありませんので，「左デビがプラス」ではありません。つまり反対側の「クレジット」がプラスになります。

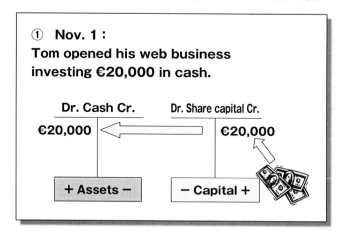

クレジット（右）に数字が入りましたので，今度はデビット（左）に数字を入れます。項目は元手の現金が会社に入ってきたので Cash です。Cash は「アセ」ですから「左デビ」がプラスです。このようにしてひとつずつ何のカテゴ

第 5 章　仕訳と転記（Journalizing & Posting）　　61

リーに入れるのか，プラスはどちらなのかを確認しながら学習していくと，すぐに会計の記録ルールである Double entry system を覚えていくことができます。

　実際の会計の記録では，最初は上の「Tの字」のようなかたちではなく，もっとシンプルに「デビット（左）に何がいくら」「クレジット（右）に何がいくら」というかたちで記録していきます。

　つまり，この最初の取引 "Tom opened his web business investing €20,000 in cash."（トムさんは2万ユーロを投資して，自分のビジネスをスタートしました）の場合は，

Nov. 1　　　Dr. Cash　　　　　　20,000
　　　　　　　Cr. Share capital　　　　20,000

というかたちで記録されます。これを "Journal entry" といいます。

　"Journal" というのは日々の出来事を記録するという意味の記録用紙ですから，ここにお金に関して起きたことを記録するという意味です。これを日本の会計では「仕訳（しわけ）」といいます。

2 まずComputer（コンピュータ）をCash（現金）で買いました

　トムさんは，ウェブビジネスを始めるにあたり，大変重要なことに気がつきました。

　「そういえば僕はビジネス用のパソコンを持っていないな…さっそく買わなくちゃ！」

　「ところで最初はどんなパソコンがいいかな？」とまりもに相談すると，

　「まあ，最初はそんなに高機能でなくてもいいから，基本的な機能がそろっていて，こわれにくいものがいいんじゃない？」とアドバイスしてくれました。

　「それじゃさっそく買いに行こう！」

　11月2日にトムさんはまりもを連れて近所の家電店に出かけて行き，いろいろと検討した結果，基本的な機能があり，こわれにくそうな2,100ユーロのパソコンを購入しました。

　「お支払いはどうなさいますか？」と店員が聞きます。するとすかさずまりもがいいます。

　「現金でお願いします。ああ，パソコン購入費で領収書にしてください。」

　「ふーん。領収書が必要なんだね？」とトムさんがいうと，

　「あたりまえでしょ，決算して確定申告するんでしょ！」と怒られてしまいました。

　「いろいろと勉強になるなあ…今まで何も考えずに買い物していたからなあ…」とトムさんはしきりに感動しています。

　さて，この現金でパソコンを買ったとき，会計上では次ページの図②のような状態になります。

第5章 仕訳と転記（Journalizing & Posting）　　63

現金 100 でコンピュータを買ったら，
Dr. Computer　　　100
　　Cr. Cash　　　　　100　　です。

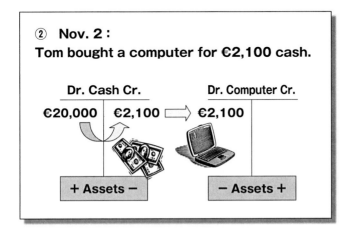

　まず，2,100 ユーロの Cash が支払われたので，Cash はプラス側からマイナス側つまりクレジット側に移動します。そしてクレジット側に 2,100 と記録されます。これは Cash が 2,100 減ったという意味です。Cash が減ってさびしい気持ちになりますが，その代わりに 2,100 ユーロの価値のあるコンピュータを手に入れたことを記録します。コンピュータはそれを使ってビジネスをすることができる権利を持っていますので，アセットの一種です。
　お金にかかわる出来事を Transaction（トランザクション）といいますが，今回はアセットを支払って，アセットを手に入れたというトランザクションが起きたということです。トランザクションのことを日本の会計では「取引」といいます。
　さて，今回のこのトランザクションを Journal entry すると，次ページのようになります。

Nov. 2　　　Dr. Computer　　2,100
　　　　　　　　Cr. Cash　　　　　2,100

これは，会社には 2,100 ユーロの価値のある Computer（Assets）が入ってきて，その代わりに Cash2,100 ユーロを支払ったという意味です。例題で理解を深めましょう。

<例題>

ABC Company bought a computer for €1,000. What of the following journal entry should it make?

① 　Dr. Cash　　　　1,000
　　　　Cr. Share capital　　1,000
② 　Dr. Equipment　　1,000
　　　　Cr. Cash　　　　　1,000
③ 　Dr. Computer　　1,000
　　　　Cr. Cash　　　　　1,000
④ 　Dr. Cash　　　　1,000
　　　　Cr. Equipment　　1,000
⑤ 　Dr. Cash　　　　1,000
　　　　Cr. Computer　　1,000

<答え　③>

<解説>

問題はコンピュータを 1,000 ユーロで買ったとき，どのような仕訳を記録すべきか？と聞いているので，デビットにコンピュータ，クレジットにキャッシュを記録します。

3 ▎ 次に Inventories(商品在庫)を Cash(現金)で買いました

　トムさんは，パソコンのインターネットの接続設定も何とか終わり，さっそくビジネスを始めようとしています。
　「さて，何を売るかな…？」
　よく考えたらトムさんは何のビジネスをやるのか決めていなかったのです。さっそくまりもに相談しました。
　「僕はどんなビジネスをやったらいいんだろう？」
　「自分の好きなものや，本当によいと思った商品を仕入れて売るのがいいんじゃない？」とまりもは答えます。「だって好きなことを続けるのは苦にならないし，本当にいいものをみんなに勧めるのは積極的になれるでしょ！」
　「なるほど…」しばらくトムさんは考えていましたが，やがてポンと手をたたいていいました。
　「それじゃあ，おいしい紅茶を仕入れて売ろう！　僕は紅茶が好きだし，いろいろ試したから本当にいいものも知っている。これでいこう！」
　さっそくトムさんはなじみの店に頼んで，おいしい紅茶の問屋さんを紹介してもらいました。最初はなじみの店で仕入れようと思ったのですが，お店の主

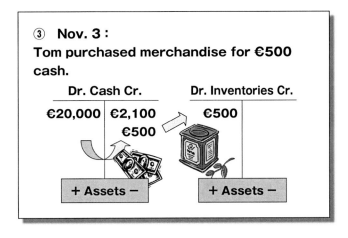

商品を現金100で仕入れたら，
Dr. Inventories　　　100
　　Cr. Cash　　　　　　100　です。

人とまりもに同時に怒られてしまいました。

「あのね，お店で買ったら仕入に儲けが乗っている分高いでしょ！　安く仕入れないと，自分が儲からないんだよ！　問屋さんを紹介してあげるからそこで買いなさい！」

最初はどのくらい売れるかわからないので，試しに現金で500ユーロ買ってみました。11月3日に500ユーロで商品在庫を買ったとき，会計上では前ページの図③のようになります。

まず，500ユーロのCashが支払われたので，Cashはプラス側のデビットからマイナスのクレジットに移動します。そしてクレジット側に500ユーロと記録されます。Cashを500ユーロ失った代わりに，今回手に入れたのは"Inventories"（インベントリーズ：商品）です。インベントリーズは，売ろうと思って仕入れて，まだ売れていないものという意味でようするに「在庫」のことです。日本の会計の専門用語ではこれを「棚卸資産」といいます。インベントリーズも売れたら現金を手にすることができるので，現金を生み出す権利であるアセットの一種です。

今回のトランザクションを記録すると以下のようになります。

Nov. 3　　　Dr. Inventories　　500
　　　　　　　　Cr. Cash　　　　　　500

これは，会社には500ユーロのインベントリーズ（商品在庫）が入ってきて，その代わりに，Cash500ユーロを支払ったという意味です。例題で理解を深めましょう。

第 5 章　仕訳と転記（Journalizing & Posting）　67

> 例題

XYZ Company purchased merchandise for €500 cash. Which of the Journal entry is correct?

① Dr. Cash　　　　　　500
　　　Cr. Inventories　　　　500
② Dr. Inventories　　　500
　　　Cr. Cash　　　　　　　500
③ Dr. Cash　　　　　　500
　　　Cr. Sales　　　　　　　500
④ Dr. Computer　　　　500
　　　Cr. Cash　　　　　　　500
⑤ Dr. Cash　　　　　　500
　　　Cr. Share capital　　　500

> 答え　②

> 解説

　問題は商品を 500 ユーロのキャッシュで仕入れたとき，どのような仕訳が正しいですか？ と聞いているので，デビットにインベントリー，クレジットにキャッシュを記録します。

　★量販店などでは，商品在庫を仕入れたときに Inventories（商品在庫）にしないで Purchases（仕入費用）と記録します。この違いについては，また第 8 章で学習します。

4 インターネットで最初のお買い上げ発生！

　トムさんは，一生懸命勉強して，自分のホームページを立ち上げ，おいしい紅茶の販売を開始しました。こだわりのある通な情報を満載し，はじめて紅茶に興味を持った人でも，つい引き込まれてしまうようななかなか出来の良いページです。

　初日は何の反応もなかったのですが，翌日の11月5日に最初の注文がメールで入ってきました。

　「あなたの勧める紅茶はとてもおいしそうなので，1,000ユーロ分買いたいと思います。商品代金は現金で支払います」

　「やった！ついに初注文だ！」

　トムさんは丁寧にお礼のメールを書き，最初の販売商品を発送しました。翌日銀行に行ってみると，商品代金1,000ユーロがちゃんと振り込まれていました。

　さっそくまりもに報告しました。

　「へへん！　僕って才能あるでしょ！」

　すると

　「まあビギナーズラックもあるからね。継続することが大事なんだよ！」といさめられてしまいました。

　さて，この現金で商品が売れたとき，会計上では次ページの図④のような状態になります。

　まず，商品が売れたのでSales（売上）が1,000ユーロ記録されます。Salesは他者に商品やサービスを提供して，対価を得ることです。Salesは「アセ」でも「ペンス」でもないので，プラスは「左デビ」ではなく「右（クレジット）側」になります。

　そして代金としてすぐに現金が入ってきましたので，Cashのデビットに1,000ユーロを記録します。

商品が現金 1,000 ユーロで売れたら，
Dr. Cash　　　1,000
　　Cr. Sales　　　1,000　　です。

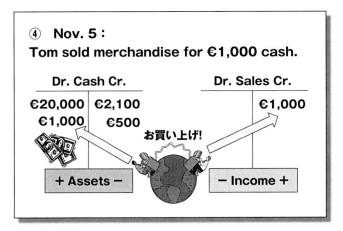

今回のトランザクションを記録すると，以下のようになります。

Nov. 5　　　Dr. Cash　　　1,000
　　　　　　　　Cr. Sales　　　　1,000

　これは，会社が他の人に 1,000 ユーロ分の商品（またはサービス）を提供して，対価として現金で 1,000 ユーロを受け取ったという意味です。
　そしてここで注意しなくてはいけないのは，商品が売れたときには，当然 Inventories（在庫）も減るということです。売れた分の在庫を減らして，その分を売れた商品の仕入値として Cost of sales（売上原価）にするための処理をしておきましょう。

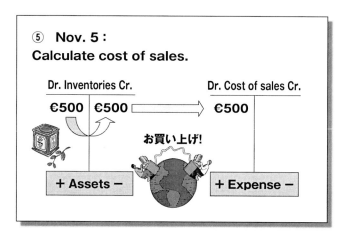

商品が売れたら，売れた在庫分を売上原価に変換するトランザクションを記録します。

Nov. 5　　　Dr. Cost of sales　500
　　　　　　　　Cr. Inventories　　　500

このとき Sales の 1,000 ユーロから Cost of sales　500 を引くと，ざっくり 500 ユーロ儲かっていることがわかります。

5 ┃ 後払いで商品の仕入をしました

　トムさんは，最初の注文ですっかり気をよくしました。
「もっと商品を仕入れてどんどん売ろう！」
　そこで，ちょっと奮発して2,000ユーロ分の商品を仕入れることにしました。
　現金2,000ユーロを財布に入れて出かけようとすると，まりもが呼び止めます。
「ちょっと待って，2,000ユーロも仕入をするなら，後払いで取引してくれるはずだよ。」
「それはどういうこと？」トムさんが聞くと，
「普通は会社どうしの取引は後払いや後もらいで行われているんだ。そうすれば，売るほうの会社は，Cashで支払いをするのが少し後になるので，売れればそのお金で払うこともできる。だから少し多めに仕入れてがんばってみようという気になるんだよ。」
「ふーん。なるほど…」
　そこでトムさんは，11月7日に問屋さんに行って2,000ユーロ分の紅茶を後払いで払う契約をしました。問屋さんは，商品をすぐに渡してくれましたので，さっそくトムさんはホームページで販売活動を開始します。
　さて，このような契約の仕方をOn accountの取引といいます。ここで少し時間をとって，On accountの取引について勉強しておきましょう。
　On accountの取引とは，「商品先受け取り現金後払い」または「商品先渡し現金後もらい」の売買契約をいいます。要するに，先に商品の受け渡しがありますが，そのときにはCash（現金）は動いていない取引だということです。日本語ではこのような取引を「掛け」の取引といいます。相手が払うことを信用しているので「信用取引」ともいいます。
　例えばみなさんがお店に行ってクレジットカードで買い物をしたとき，みなさんは商品を持って帰ってしまいますが，まだ代金はCashで払っていません

> **ここがポイント!!** On account の取引とは，現金を後から払う，または後からもらうという取引のことです。つまり今，現金は払ったり，もらったりされていませんので取引は完了していない状態です。これを日本の会計では「掛けの取引」といいます。

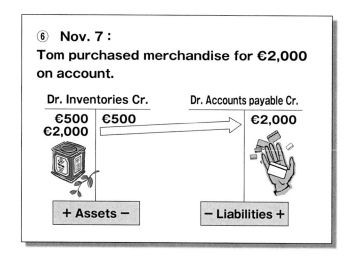

ね。On account の取引はこのように最終的な現金の受け渡しが済んでいない取引をいいます。

　ですから，売った側にはこれから現金をもらえる権利（Assets）が，買った側にはこれから現金を払う義務（Liabilities）が生じます。

　さて，このように後払いで商品を仕入れたとき，会計上では上の図⑥のようになります。

　まず，トムさんは後払いで仕入をしましたので，受け取った商品はInventories（商品）として記録していますが，仕入先への現金での支払いは終わっていません。このとき，仕入れたトムさんには，「支払義務」が発生します。「支払義務 = Liabilities（負債）」でしたよね。ですから，トムさんはこの支払義務を，Liabilities の一種である Accounts payable（会計上で発生した

支払義務）として記録しておきます。

　Payable とは，「後から支払う義務を持っている」という意味で，要するに，Accounts payable とは「後で現金で払う義務があること」ということです。

　このトランザクションを記録すると以下のようになります。

Nov. 7　　　Dr. Inventories　　　2,000
　　　　　　　Cr. Accounts payable　　2,000

　これは会社が 2,000 ユーロ分の商品を後払いで仕入れたので，後から 2,000 ユーロを支払う義務が会社に発生しているという意味です。

6 ▍後もらいで商品を売りました

　トムさんが，仕入れたお茶をホームページに紹介すると，11月9日にまた注文がきました。なんと 3,500 ユーロのお買い上げ，絶好調です。

　今回はお客さんが現金ではなく，クレジットカードで買ったので，お客さんとしては後払い，トムさんから見れば後もらいになります。

　このとき，トムさんには後から現金をもらう権利が生まれます。「お金を生む権利＝Assets」でしたよね。ですから，トムさんは，この現金が後からもらえる権利を Assets に Accounts receivable（会計上で発生した現金受け取りの権利）として記録しておきます。

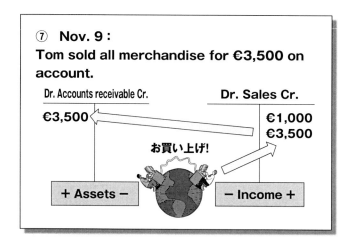

　Receivable とは「後から現金をもらえる権利」で，Accounts receivable とは，後から現金を受け取れる権利を記録しておくという意味です。

　今回のトランザクションを記録すると，以下のようになります。

Nov. 9　　　Dr. Accounts receivable　　3,500
　　　　　　　　Cr. Sales　　　　　　　　　　3,500

On account の取引では，売った側にはこれから現金をもらえる権利（Assets）が，買った側にはこれから現金を支払う義務（Liabilities）が生じます。

これは，3,500 ユーロ分の商品をお客さんに販売したが，まだ現金で払ってもらっていないので，これから 3,500 ユーロを現金で受け取る権利があるという意味です。

⑧　On account の取引のまとめ

〈Sold している側〉
後から現金をもらう権利が発生しています。
Accounts receivable という Assets（受取権）を記録します。
この権利は Received cash したらなくなります。

〈Purchase している側〉
後から現金で支払う義務が発生しています。
Accounts payable という Liabilities（支払義務）を記録します。
この義務は Paid cash したらなくなります。

Cash のやり取りをして取引を完了させることを Settlement といいます。

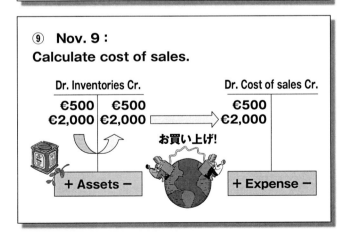

⑨　Nov. 9：
Calculate cost of sales.

ここで On Account の取引について図解（前ページ図⑧参照）で整理しておきましょう。

そして On Account の取引でも，商品が売れたときには，売れた分の在庫を減らして，その分を売れた商品の仕入値として Cost of Sales（売上原価）にします。

Nov. 9　　　Dr. Cost of sales　　2,000
　　　　　　　　Cr. Inventories　　　　2,000

この取引では Sales 3,500 ユーロから Cost of sales 2,000 ユーロを引いた時点でざっくり 1,500 ユーロ儲かっていることがわかります。

7 家賃を Cash で払いました

 11月20日になりました。トムさんは，毎月20日に家賃を払うことにしていましたので，家賃1,000ユーロを大家さんに現金で払いに行きました。現金で家賃を支払ったとき，会計上では下の図⑩のようになります。

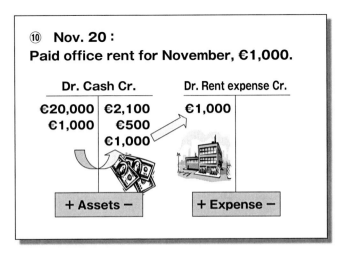

 まりもは言います。
「会社の取引の中で，もっとも回数が多いのは，現金を支払った，現金をもらったという2つの取引なんだ。これにひとつ前の取引段階である On account で買った，売ったという2つの取引を加えて，全部で4つの取引を早くきちんと理解すると，すぐに会計の基礎的な処理を覚えることができるんだよ。」
「ふーん。何かわかりやすい覚え方はあるのかな？」
「いいことを教えてあげるよ。現金を払うっていうことは "Paid" してるってことだよね。そうしたら，"Paid" といえば "Cash"！と覚えるんだ。」
「はあ？ なにそれ？」
「つまり "Paid" って書いてある取引があったら，ほとんどの場合『クレジ

Paid といえば Cash!! つまりクレジットに Cash が記録されます。あとはデビットに何が記録されるのか考えれば，どのような仕訳が入るのかがすぐにわかります。

ットに Cash いくら』と記録される取引が起きたと考えられるんだよ。でも Paid Cash とは書かれずに Cash は省略されることが多い。だから "Paid" といえば "Cash" と覚えておくんだ。あとはデビットに何が入るのかを考えればいいだけなので片方が決まれば楽でしょ！」

「なるほど……」

「Paid といえば！ Cash!! つまりクレジットに Cash!!! と 10 回大きな声でいうと，きっと早く覚えられると思うよ。18 歳以上の大人は声に出したほうが覚えやすいんだよ！」

> Paid と言えば！
> # Cash!!
> つまり、現金が
> 払われたということです。
> Cr. Cash を記録しましょう！

前ページの図のトランザクションを記録すると以下のようになります。

```
Nov. 20    Dr. Rent expense    1,000
              Cr. Cash                 1,000
```

これは，会社が家賃 1,000 ユーロを Cash で払ったという意味です。

ここで，Expense（費用）とは，「会社のために働いてくれたお金」という意味です。Expense は，その使い道によって，前につく言葉が変わっていき

ます。例えば……

家賃であれば"Rent expense"
保険料であれば"Insurance expense"
水道光熱費であれば"Utilities expense"
交通費が使われたのであれば"Travel expense"
消耗品が使われてなくなったのであれば"Supplies expense"

消耗品とは，コピー用紙や，ホッチキスの針のように，会社のために働いて，使っているうちになくなっていくものをいいます。こういうものを買ったらいったん"Supplies"としてAssetsに記録し，使ってなくなった分を後で調べてExpenseにします。

このようにExpenseは使い道別に項目分けして，あとで無駄遣いしていないか調べるのです。これは，だんだんと覚えていきましょう。

8 ▌ 水道光熱費を Cash で払いました

　11月25日になりました。今月分の水道光熱費のバーコードつき請求書がきていたので，トムさんはコンビニに出かけて行き，現金で全額100ユーロを払いました。
　このとき，会計上では下の図⑪のようになります。

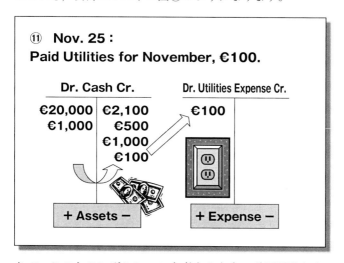

　さて，このトランザクションを考えるとき，前回勉強した

Paidと言えば！
Cash!!
つまり、現金が
払われたということです。
Cr. Cashを記録しましょう！

を思い出してください。

第 5 章　仕訳と転記（Journalizing & Posting）　　81

しつこいようですが，"Paid といえば！Cash!!" つまりクレジットに Cash が記録されます。あとはデビットに何が記録されるのかを考えましょう。

前ページの図⑪のトランザクションを考えるとき，まず "Paid" していますから，クレジットに Cash が記録されます。そしてデビットはといえば，今回は水道光熱費なので "Utilities expense" になります。整理すると，以下のような仕訳になります。

Nov.25　　　Dr. Utilities expense　　100
　　　　　　　　Cr. Cash　　　　　　　　100

それでは例題で理解を深めましょう。

例題

XYZ Company paid rent for €1,000 cash.To record the transaction,which of the following journal entry is correct?
① 　Dr. Rent expense　　　1,000
　　　　Cr. Accounts payable　　　1,000
② 　Dr. Cash　　　　　　　1,000
　　　　Cr. Rent expense　　　　　1,000
③ 　Dr. Rent expense　　　1,000
　　　　Cr. Cash　　　　　　　　　1,000
④ 　Dr. Rent expense　　　1,000
　　　　Cr. Accounts payable　　　1,000
⑤ 　Dr. Supplies　　　　　1,000
　　　　Cr. Cash　　　　　　　　　1,000

＜答え　③＞

◁解説▷

　問題は，家賃 1,000 ユーロを現金で払ったとき，それを記録するための正しい仕訳はどれか？ と聞いていますので，まず Paid しているのでクレジットに Cash，そして家賃なのでデビットに Rent expense になります。

　Cash を払ったとき，デビットには Expense だけではなく Assets が記録されることや，Liabilities が記録されることもあります。Assets が記録されるときはそれを現金で買っており，Liabilities が記録される場合には，返済義務を減らすために現金を払っているのです。だんだんとこのような考え方に慣れていきましょう。

9 お客さんが後払い分 3,500 ユーロのうち、まず 3,000 ユーロを Cash で払ってくれました

月末になって、トムさんが銀行に行き、通帳記入をすると、11月9日に 3,500 ユーロ分の紅茶を後払いでお買い上げいただいたお客さんから、3,000 ユーロ分の入金があったことがわかりました。残りの 500 ユーロは来年の1月末に払うという連絡をもらっています。

このとき、会計上では下の図⑫のようになっています。

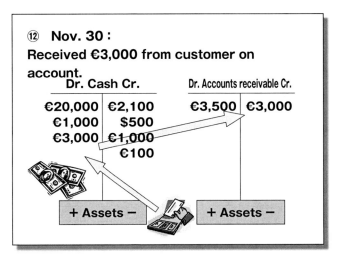

まず、お客さんから現金の入金があったので、まず Dr. Cash に 3,000 ユーロを記録します。そして 3,000 ユーロの現金が入ってきた分、お金を受け取れる権利である Accounts receivable は減りますので、3,000 ユーロ分減らします。

このトランザクションを記録すると、以下のようになります。

Nov. 30　　Dr. Cash　　　　　　　　3,000
　　　　　　　Cr. Accounts receivable　　　　3,0000

これは、後から現金がもらえる権利として記録されていた Accounts receivable に対し、実際に現金をもらったので、もらった分の受取り権はなくなり、

On account の売上に対して現金を受け取ると，その分 Accounts receivable が減ります。

Accounts receivable の金額分減ったということです。

3,500ユーロのうち，受け取った3,000ユーロはマイナスされますが，まだ現金を受け取っていない分の500ユーロはバランスシートに残ったままです。これは翌年の1月末に現金を受け取った確認がされるまで，権利としてAssets に記録されたままなのです。

それでは例題で理解を深めましょう。

例題 1

ABC Company collected €3,000 for the settlement of account receivable. Which of the following journal entry is correct for ABC?

① Dr. Cash 3,000
　　Cr. Sales 3,000
② Dr. Accounts payable 3,000
　　Cr. Cash 3,000
③ Dr. Cash 3,000
　　Cr. Rent expense 3,000
④ Dr. Accounts receivable 3,000
　　Cr. Cash 3,000
⑤ Dr. Cash 3,000
　　Cr. Accounts receivable 3,000

〈答え ⑤〉

〈解説〉

問題は，Account receivable に対して，会社が3,000ユーロの現金を受け取ったとき，どのような仕訳を記録するのが正しいか？といっているので，まず

現金を受け取ってデビットに Cash，クレジットで受取り現金分の Accounts receivable を減額します。

例題 2

ABC Company received cash for account receivable. What is the net effect of the transaction of Assets, Liabilities, and Equity?

	Assets	Liabilities	Equity
①	Decrease	Increase	No effect
②	Increase	No effect	No effect
③	Decrease	No effect	Increase
④	Increase	Decrease	Decrease
⑤	No effect	No effect	No effect

〈答え　⑤〉

〈解説〉

問題は Accounts receivable に対して現金を受け取ると Assets，Liabilities, and Equity にどのような影響があるかと聞いています。Assets である Cash が入ってきて，同額の Assets（Accounts receivable）が減っているので何も影響がない⑤が答えになります。

10 後払いで仕入れた紅茶代金のうち，まず 1,000 ユーロを cash で払いました

　月末になったので，トムさんは仕入先に，後払いで仕入れた紅茶代金 2,000 ユーロのうち，半分の 1,000 ユーロを現金で支払いました。残りは来年の 1 月末にお支払いする約束にしています。

　このとき，会計上では下の図⑬のようになっています。

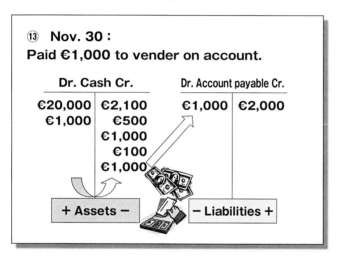

　まず，現金を払ったので（Paid したので！），クレジットに Cash を記録します。そしてこの払った 1,000 ユーロ分の返済義務が消えますので，お金を払う義務である Accounts payable も 1,000 ユーロ減らします。

　このトランザクションを記録すると以下のようになります。

Nov. 30 　　Dr. Accounts payable 　　1,000
　　　　　　　　Cr. Cash 　　　　　　　　1,000

　これは，支払義務として記録されていた Accounts payable のうち，実際に現金で払った分の支払義務がなくなったので，減らすということです。

　2,000 ユーロの支払義務のうち，支払った 1,000 ユーロはマイナスされ，残

第 5 章 仕訳と転記（Journalizing & Posting）

On account の仕入に対して現金を払うと，その分 Accounts payable が減ります。

っている支払義務は 1,000 ユーロに減ります。これは翌年の 1 月末に実際に現金を支払ったらなくなりますが，それまではバランスシートに残っています。

例題 1

ABC Company paid €1,000 for merchandise purchased from a vendor on account. Choose the appropriate journal entry for ABC to record this transaction.

① Dr. Inventories　　　　　1,000
　　Cr. Cash　　　　　　　　　　1,000
② Dr. Accounts payable　　1,000
　　Cr. Cash　　　　　　　　　　1,000
③ Dr. Accounts payable　　1,000
　　Cr. Inventories　　　　　　　1,000
④ Dr. Cash　　　　　　　　1,000
　　Cr. Accounts receivable　　　1,000
⑤ Dr. Accounts receivable　1,000
　　Cr. Cash　　　　　　　　　　1,000

〈答え　②〉

〈解説〉

問題は，後払いで仕入れた商品に対して，現金を払ったときの適切な仕訳を選びなさいといっているので，まず Paid しているので Cr. Cash，そしてデビットでは支払義務が減った分の Accounts payable を減らします。

> 例題2

ABC Company paid cash for accounts payable. What is the net effect of the transaction of Assets, Liabilities, and Equity ?

	Assets	Liabilities	Equity
①	Decrease	Increase	No effect
②	Decrease	Decrease	No effect
③	Increase	Decrease	Decrease
④	No effect	No effect	No effect
⑤	Decrease	No effect	Increase

> 答え ②

> 解説

　問題はAccounts payableに対して現金を支払うと，Assets，Liabilities，and Equityにどのような影響があるかと聞いています。AssetsはCashを払っていて減っており，LiabilitiesはAccounts payableが減っていますので，②が答えです。

11 実際の日々の記録の仕方
（Journalizing &Posting to the ledger）

さて，トムさんとまりもの会話から，ダブルエントリーシステムでのJournal Entry（仕訳）のやり方に少し慣れてきたところだと思いますので，このへんで実際に経理部が行っている仕事の流れを学んでみましょう。

お金にかかわる取引（トランザクション）が起きたら，まず経理の人たちは何をするのでしょうか？

それはJournal Entry（仕訳）です。Journal（日本語では仕訳帳）とは日々の出来事を時間の流れとともに記録していく紙です。今はほとんどコンピュータに置き換わっていますが，紙に書くことと，コンピュータに入力する違いだけで，やることは同じです。

会社には毎日お金にかかわるいろいろな出来事が起きています。例えば営業マンがタクシーを使って，払った分のお金を領収書としてもらってきたとします。すると，これは営業マンからすれば，タクシーの領収書でしかありませんが，会計の担当者からすればデビットにTravel expense（旅費交通費）が発生して，クレジットでCashをpaidしたというトランザクションになります。

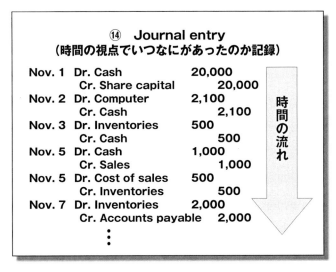

ジャーナルは時間の視点，レジャーは種類の視点で会計情報をまとめています。

　このように，まずはトランザクションが発生したら時間の視点で日記のように発生順に記録していくのです。この Journal に時間の視点で記録することを Journalizing（記帳）といいます。トムさんのビジネスのトランザクションを Journal にまとめてみると，前ページの図のようになっていきます。

　トランザクションを，まず最初にジャーナルにまとめる理由は，「時間」の視点で管理しておくことが必要だからです。例えば経営を管理しているマネージャーは，経理の担当者に「あのトランザクションは，いつのことだっけ？」とか「11月3日にはどんなトランザクションがあったかな？」と聞いてきます。ですから，まずは時間の流れで管理する必要があるのです。

　マネージャーが経理担当者に聞きたいことは実はもうひとつあります。それは「ところで今 Cash はいくらあるの？」とか「Accounts payable はあといくらあるんだっけ？」ということで，これは「種類」の視点です。このようなニーズに応えるためには，経理部では，種類の視点でもまとめておかなくてはいけません。このとき種類ごとのＴの字の下に，プラスもマイナスも全部省略しないで記録し，今どうなっているかをまとめます。

　この種類でまとめる紙を "Ledger" といいます。日本語でいうとこれは「元帳」といいます。Ledger は "Cash" とか "Accounts receivable" のようにそれぞれが独立した紙になっていて，ひとつひとつを Ledger といい，全部まとめたものを "General ledger"（日本語で総勘定元帳）といいます。今はパソコン処理が中心なので，トランザクションを Journal に仕訳入力すると，自動的に Ledger にも記録されます。しかし，もともとは，手でジャーナルからレジャーに書き写していたので，この種類の紙にまとめる作業を Posting（転記）といいます。

　次ページの図を見て，Posting のイメージをつかんでください。

⑮ **Posting to ledger** 種類の視点でまとめる
（アカウントの種類ごとに分ける）

```
Nov. 1  Dr. Cash              20,000
          Cr. Share capital       20,000
Nov. 2  Dr. Computer           2,100
          Cr. Cash                 2,100
Nov. 3  Dr. Inventories          500
          Cr. Cash                   500
Nov. 5  Dr. Cash               1,000
          Cr. Sales                1,000
Nov. 5  Dr. Cost of sales        500
          Cr. Inventories            500
Nov. 7  Dr. Inventories        2,000
          Cr. A/P                  2,000
          ⋮
```

Cash			A/P	
Nov. 1 20,000	Nov. 2 2,100			Nov. 7 2,000
Nov. 5 1,000	Nov. 3 500			

Inventories			Share capital	
Nov. 3 500	Nov. 5 500			Nov. 1 20,000
Nov. 7 2,000				

Computer			Sales	
Nov. 2 2,100				Nov. 5 1,000

Cost of sales	
Nov. 5 500	

第6章
試算表（Trial balance）

1 月末ごとに，すべてのポスティングされたデータが正しく入力されているかを確認するための"Trial balance"（試算表）

さあ，ここまでのトランザクションは，ダブルエントリーシステムを使って，ずっとデビットとクレジットに同じ金額を入れてきていますね。

月末になったらこの入力データがどこかで間違っていないかどうかを確認し

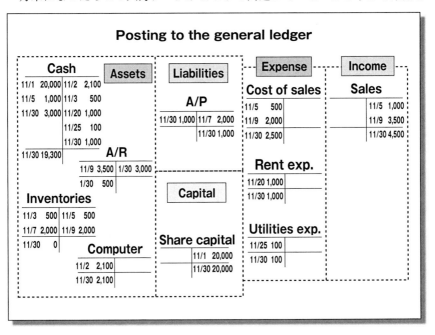

トライアルバランスはトライアルにデビットの合計とクレジットの合計がバランスするかを確認する表です。

ましょう。それがトライアルバランス（試算表）を作る目的です。

　トライアルバランスはトライアル（試し）にデビットに入力されたすべての数字の最終残高と，クレジットに入力されたすべての数字の最終残高が，うまくバランスするか（つまり同じ金額になるかどうか）を確認する表です。

　作り方は2ステップです。まずステップ1は，ゼネラルレジャーに入力されたトランザクションの最終残高を確認することです。トムさんのゼネラルレジャーを見てみましょう（前ページを参照してください）。

　トムさんのそれぞれのアカウント（種類ごとにまとめたもの）の最終残高がプラスの合計とマイナスの合計の差額で計算されているのが確認できると思います。

　それではステップ2です。ステップ2は，この最終残高の数字がデビットにあるものはデビット側のコラムに記入し，クレジットにあるものはクレジット側のコラムに記入することで表のかたちに整理することです。そして，デビット側を上から下まで足して合計を出し，これとクレジット側の合計を比べます。合計が同じであればとりあえず問題ありませんが，違っていればどこかで入力が間違っていることが発見できます。

　試しにトムさんの次ページのトライアルバランスを見てみましょう。

　トムさんのトライアルバランスでは，デビットの合計とクレジットの合計は25,500ユーロずつで合っているようですね。

　そうそう，トライアルバランスには，項目の並べ方にルールがあり，上からバランスシート項目（最初にAssets，次にLiabilities，最後にEquity）を書き，その後にインカムステートメント項目（最初にIncome，次にExpense）を書くということになっています。

第6章 試算表（Trial balance）

EX. Create Tom's trial balance

左デビ，アセペンスを思い出して，まず Debit に入るものを決める。残りは全部 Credit へ入力する

Tom's Trial Balance
Nov. 30, 2016

(€)

		Dr.	Cr.
B/S	Cash	19,300	
	Accounts receivable	500	
	Computer	2,100	
	Accounts payable		1,000
	Share capital		20,000
I/S	Sales		4,500
	Cost of sales	2,500	
	Rent expense	1,000	
	Utilities expense	100	
	TOTAL	25,500	25,500

2 トライアルバランスの限界
―トライアルバランスではわからないミスとは？

トライアルバランスを作ってみて，デビットとクレジットの合計が合えば，一応左右に同じ数字が入力されていることがわかります。しかし，これだけで入力ミスがないと考えてはいけません。

実はトライアルバランスでは発見できないミスはいっぱいあるのです。それは以下のようなものです。

Trial balance Limitations

The TB will not uncover（トライアルバランスではわからないこと）
a) Omitting a transaction
　ある仕訳の入力をしなかった。
b) Repeating a transaction
　ある仕訳を2度打ち入力してしまった。
c) Using the wrong accounts
　まちがったaccountを使ってしまった。
d) Reversing debits and credits
　デビットとクレジットを逆に入力してしまった。
e) Using the wrong amount (Dr and Cr)
　左右ともに同じ数字を入力したが、伝票の数字と違っていた。

最初に書いてあるのは，「トライアルバランスではわからないこと」という文章です。Uncoverは，「わかる」という意味ですので，not uncoverで「わからないこと」という意味です。つまり下のa～eについては，トライアルバランスでは発見できないといっているのです。

これらの項目が発見できない理由は，デビットとクレジットに入力された数字は同じになるので，最後の合計が合ってしまうからです。

ですから，トライアルバランスの合計が合っていてもそれだけでは安心せずに，常にミスがないかどうかチェックする気持ちが大切です。

第6章 試算表 (Trial balance)

トライアルバランスでは，デビットとクレジットの合計金額が同じになってしまうミスは発見できません。

それでは，例題でトライアルバランスを実際に作ってみましょう。

例題

The following information is available regarding the accounts of Tom's company on November 30, 2015.

Cash	€19,300
Accounts receivable	€500
Computer	€2,100
Accounts payable	€1,000
Share capital	€20,000
Sales	€4,500
Cost of sales	€2,500
Rent expense	€1,000
Utilities expense	€100

Based on the above information, prepare a trial balance on November 30, 2015.

<答え>

EX. Create Tom's trial balance

Tom's Trial Balance
Nov. 30, 2015

(左デビ、アセペンスを思い出して、まず Debit に入るものを決める。残りは全部 Credit へ入力する)

(€)

		Dr.	Cr.
B/S	Cash	19,300	
	Accounts receivable	500	
	Computer	2,100	
	Accounts payable		1,000
	Share capital		20,000
I/S	Sales		4,500
	Cost of sales	2,500	
	Rent expense	1,000	
	Utilities expense	100	
	TOTAL	25,500	25,500

<解説>

　トライアルバランスを作成するには，まず左デビ，アセペンスを思い出し，アセットとエクスペンス勘定を左に，それ以外の勘定をすべてクレジットに集め，デビットの合計とクレジットの合計をそれぞれ算出して合うかどうかを確認します。

第7章
修正仕訳（Adjusting entry）

1　会計は現金の動きに関係なく，取引発生時を基準として記録する発生主義を使います

　さて，ここからがちょっと専門的な会計っぽい知識になってくるところです。ここがわかれば，上のレベルにいったときにもよくわかるようになりますので，しっかり理解するようにしましょう。

　まず，会計には売上や，費用の記録する時期について，「現金の入金があるかどうかには関係なく，商品やサービスを売ったという事実が確定した時期に売上を記録する」また，「現金の支払いがあったかどうかには関係なく，費用が発生したという事実を確認した時期に費用を記録する」というルールがあります。

　このルールを「発生主義（Accrual basis）」といいます。

　私たちは通常「現金主義（Cash basis）」で生活しています。つまり現金が実際に入ってきたら「収入があった」と考え，現金を実際に払ったら「費用を払った」と考えています。なぜ会計ではこのキャッシュベーシスではなくアクルーアルベーシスを使うのでしょうか？　それは税金逃れや赤字を隠そうとすることを防ぐためです。

　その理由について，税金や経営に詳しい天才犬のまりもに聞いてみましょう。まりもは言います。

　「現金の入金や出金を前提に，売上や費用を記録するやり方は，経営者は大

会計は原則として現金が動いた時に記録する現金主義ではなく，取引の発生時に記録する発生主義を使います。

好きです。なぜなら，売上を今年から来年に移動したり，費用を今年から来年に移動することが簡単だからです。」

「多くの経営者たちは，税金の支払いを少なくしたり，赤字を隠そうとするために，売上や費用を都合のよい年に移動したいと思っているんです。」

下の図を見てください。（実効税率35％の場合）

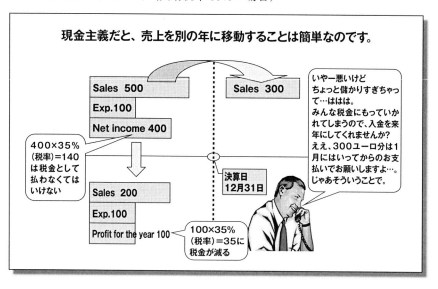

この図では，今年儲かりすぎてしまった経営者が，節税のためにお得意さんに「入金は来年にしてください」と電話をしています。現金主義ではこのように売上を翌年に移動し，最終利益にかかる税金を減らすような操作が可能なのです。

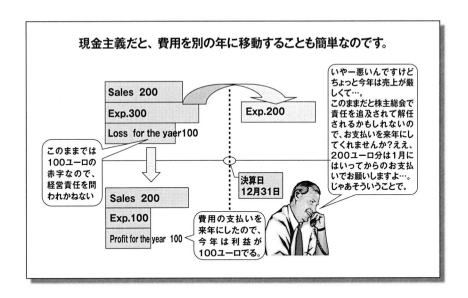

　また上の図では，今年赤字になりそうな経営者が，費用の支払いを翌年に延ばすお願いをしています。現金主義ではこのようにして赤字を隠すことができるのです。

2 2つのタイプの修正仕訳について ―前払・前受タイプと未収・未払タイプ

さて,前項で現金主義と発生主義について,何となく違いがわかっていただけかたと思います。

要するに現金が入ってきたときに「売上」または「収益」と記録するのが「現金主義」で,実際には現金が入ってきていなくても（例えば On account の売上はまだ現金が入ってきていませんね）,「実際に商品を引き渡したり,サービスを提供した事実がある」のであれば「売上」,「収益」と記録するのが「発生主義」です。

または,実際に現金を支払ったときに「費用」を記録するのが「現金主義」で,「費用が発生している事実（例えばアルバイトが働いた時間をタイムカードに記録した場合,まだ現金は払っていませんが,人件費が発生したことが確認できますね）」を前提に「費用」を記録するのが「発生主義」です。

この発生主義を使って,会計の記録をしていくとき,いくつか調整しなくてはいけない事柄が出てきます。それは大きく2つのタイプに分かれています。

1　前払費用・前受収益タイプ
　前払費用とは来年以降の費用分も,今年にまとめて現金を前払いしている場合,現金を払われた相手は来年以降分の代金を今年にまとめて現金を先に受け取ったことになっている。
2　未払費用・未収収益タイプ
　すでに費用や収益が発生していて,現金の支払いや受取りが完了していない場合。

この2つのタイプについては,いずれも取引（商品の授受・サービス提供の完了）の発生タイミングと現金授受のタイミングがずれていますので,取引発生タイミングを基準にして,取引で発生した収益及び費用についてどこまで今年のインカムステートメントに載せるのかを決めなくてはなりません。つま

現金の動きと収益，費用の動きがずれる取引には，「前払・前受」と「未収・未払」の２タイプがあります。

り「今年の費用にするのはどこまでなのか？」「来年の費用として考えるのはどこからなのか？」また「今年の収益になるのはどこまでなのか？」「来年の収益となるのはどこからなのか？」のように決算月をまたぐ収益・費用を振り分けることが必要なのです。また，今年度で使い切らなかった権利や，サービス提供が完了しなかった義務も，来年度以降にも使える権利，来年度以降に提供完了しなくてはならない義務としてバランスシートに継続記録しておく必要があります。

　それぞれのタイプごとにこれから学んでいきますので，修正処理のイメージ，修正仕訳の仕方をタイプ別にしっかりマスターしてください。

　この修正仕訳がわかれば，入門レベルの学習の中心部分を理解したことになりますので，しっかりがんばりましょう。

　それではまず，前払費用・前受収益タイプの修正の仕方を学んでいきましょう。

　前払費用とは，『来年度以降の費用分も，今年にまとめて現金前払いしている場合』に発生する『現金先払いで獲得した来年度以降も使える権利』です。

　一方，前受収益とは『来年度以降の収益分も今年まとめて現金で受け取った場合』に発生する『現金先受け取りで発生した，来年以降も続くサービス提供義務』です。

　具体的な話のほうがわかりやすいので，家賃を前払いしている人と，そのお金を受け取った大家さんのケースをもとに説明していきましょう。

＜前払・前受タイプケース＞

　Aさんは，12月1日に，賃貸料1カ月1,000ユーロの部屋の1年分の家賃12,000ユーロを大家さんに前払いしました。つまり，来年の11月30日までこ

の部屋に住む権利を買ったのです。

　このとき大家さんは，1年分の現金を先にもらうことにより，これからこの部屋に1年間Aさんに貸す義務を負ったことになります。

　これを取引の発生を中心に考える「発生主義会計」で処理すると，以下のようになります。

　まずAさん側では，12,000ユーロを前払いして手に入れた1年間住むことができる権利を"Prepaid rent expense"（前払家賃）という名前でアセットに記録します。Prepaid rent expenseは費用勘定ではなく資産勘定なので注意してください。一旦権利として資産に計上しますが，あとからこの権利が使われて費用化されていくので，expenseという名前が後半についているのです。

　そしてクレジットには，支払った現金全額分を記録します。

```
Dec. 1      Dr. Prepaid rent expense    12,000 （Assets）
            Cr.  Cash                              12,000
```

　この仕訳で何をしているかといえば，先々まで使える権利をまとめて購入したので，まず全額を権利（アセット）として記録しているのです。ここでは住むことができる権利ですが，例えば保険料を1年分前払いすれば，1年間保障してもらう権利を買ったのと同じことですよね。保険料のときは，Prepaid insurance expense（前払保険料）を資産に計上します。

　そして，期末の決算日に今年使った分を計算します。この例では年末の決算日までに1カ月住み終わっているので，権利が使われてしまった分の家賃1,000ユーロを，今年のRent expense（家賃）という名前でインカムステートメントに費用勘定として記録するのです。

　決算日に行う修正仕訳（Adjusting entry）を見てください。

```
Dec. 31     Dr. Rent expense            1,000 （Expense）
            Cr. Prepaid rent expense    1,000 （Assets）
```

第7章 修正仕訳（Adjusting entry）　105

前払タイプの仕訳処理は，まず現金を払ったタイミングで先々の分までの権利を購入しているので，その権利を資産に計上します。そして期末に使った分だけを費用に振り替えます。

　この修正仕訳により，今年使われた住む権利 1,000 ユーロ分が Rent expense として費用に振り替えられ，残りの 1,1000 ユーロ分はまだ来期も住める権利として，Prepaid rent expense という名前で資産に残った状態になるのです。

　より理解を深めるために，12月1日に前払いしたところから連続的に仕訳の動きを見てみましょう。

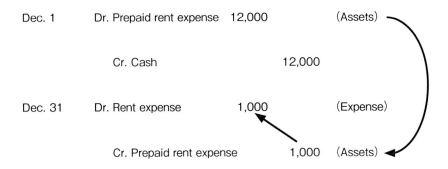

　連続して前払いの発生から期末の修正仕訳までの動きを見ると，アセットに計上された 12,000 ユーロの住む権利から，使われた 1,000 ユーロ分が削られて，それが費用として計上されている動きがおわかりになるかと思います。

　さらにこれを T アカウントで見てみましょう。

```
  +   Prepaid rent exp.   -          +   Rent exp.   -
  12,000 ──→ 1,000 ──────────→ 1,000
  ─────────────────          ─────────────────
  11,000                              1,000
```

この修正仕訳の結果により，アセットに計上された 12,000 ユーロの住む権利から，使われた 1,000 ユーロ分が削られて，それが費用として 1,000 ユーロ計上され，結果として資産に Prepaid rent expense が 11,000 ユーロ計上され，費用に家賃が 1,000 ユーロ計上された動きが確認できたかと思います。

さて，ここで相手方の大家さんはどのような仕訳処理になるのでしょうか？

12月1日に1年分の家賃をもらったとき，大家さんとしては現金が先に入ってきて，これから1年間部屋を貸す義務を負った状態になります。

そこで以下のような仕訳を切ります。

```
Dec. 1     Dr. Cash                    12,000
             Cr.  Unearned rent income        12,000   (Liabilities)
```

Unearned rent income は，Income とついていますがライアビリティーズ（負債）です。現金を前受けでもらったことによるサービス提供義務を一旦負債として計上しているのです。サービス提供が完了すれば収益に振り替えられますので，あとのほうに Income とついているのです。

期末になり，部屋を貸す義務の提供が1カ月分終わると，その分だけの義務を減らして，収益に振り替えます。期末の仕訳を見てみましょう。

```
Dec.31    Dr. Unearned rent income   1,000        (Liabilities)
            Cr.  Rent income               1,000    (Income)
```

この修正仕訳により，負債に記録されていた「家を貸す義務」のうち，義務を果たした 1,000 ユーロ分が Rent income（家賃収入）として振り返られて収益となり，残った 11,000 ユーロ分については，来期も家を貸さなくてはいけない義務が残っている分として負債に残るのです。

より理解を深めるために，12月1日に前受けしたところから連続的に仕訳の動きを見てみましょう。

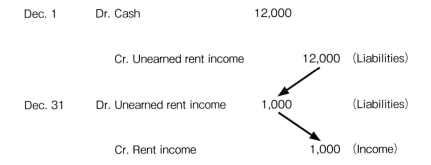

前受タイプの仕訳処理では，現金を受け取ったタイミングで負債に計上します。そして，期末に義務を終えた分だけを収益に振り替えます。

Dec. 1	Dr. Cash	12,000	
	Cr. Unearned rent income	12,000	(Liabilities)
Dec. 31	Dr. Unearned rent income	1,000	(Liabilities)
	Cr. Rent income	1,000	(Income)

連続して前受けの発生から期末の修正仕訳までの動きを見ると，ライアビリティーズに計上された12,000ユーロの家を貸す義務から，義務を完了した1,000ユーロ分が削られて，それが収益として計上されている動きがおわかりになるかと思います。

さらにこれをTアカウントで見てみましょう。

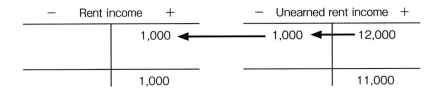

この修正仕訳の結果により，アセットに計上された12,000ユーロの住む権利から，使われた1,000ユーロ分が削られて，それが費用として1,000ユーロ計上され，結果として資産に Prepaid rent expense が11,000ユーロ計上され，費用に家賃が1,000ユーロ計上された動きが確認できたかと思います。

それでは例題で理解を深めましょう。

例題1

On December 1, 2015, ABC Company, a calendar-year company, made a 1 year rent agreement and paid €12,000 to XYZ Company, The amount was debit to an Assets account. Which of the following adjusting entry should ABC make at the end of the first year?

① Dr. Rent expense 12,000
　　Cr. Cash 12,000
② Dr. Prepaid rent 12,000
　　Cr. Cash 12,000
③ Dr. Rent expense 1,000
　　Cr.Prepaid rent 1,000
④ Dr. Rent expense 12,000
　　Cr. Prepaid rent 12,000
⑤ Dr. Cash 1,000
　　Cr. Rent expense 1,000

〈答え ③〉

〈解説〉

問題では12月1日にABC社は1年間の賃借契約をXYZ社と結び、現金で12,000ユーロ払いました。そして前払いした12,000ユーロは全額Assetsに権利として記録したとなっています。ここでは初年度末の修正仕訳を聞いていますので、契約日に現金を支払うと同時にAssetsのデビットに記録したPrepaid Rent 12,000ユーロから、使った1,000ユーロをクレジットにして減らし、その分を今期のインカムステートメントに計上するRent expense（家賃）にする修正仕訳を切ります。つまり③が解答となります。

例題2

On December 1, 2015, XWZ Company, a calendar-year company, made a 1 year rent agreement and received €12,000 from ABC Company, The amount was credit to an Liabilities account. Which of the following adjusting entry should XWZ make at the end of the first year?

① Dr. Cash　　　　　　　　　12,000
　　Cr. Unearned rent income　　　　　12,000
② Dr. Cash　　　　　　　　　12,000
　　Cr. Rent income　　　　　　　　　12,000
③ Dr. Rent income　　　　　　12,000
　　Cr. Unearned rent income　　　　　12,000
④ Dr. Cash　　　　　　　　　1,000
　　Cr. Rent income　　　　　　　　　1,000
⑤ Dr. Unearned rent income　　1,000
　　Cr. Rent income　　　　　　　　　1,000

〈答え ⑤〉

〈解説〉

12月1日にXWZ社とABC社が賃貸契約を結び，XWZ社は現金で12,000ユーロを受け取っています。そして前受けで現金をもらった分をクレジットのLiabilities accountsに記録しています。ですので初年度末のXWZの修正仕訳は，契約日に現金をもらうと同時にLiabilitiesのクレジットに記録したUnearned rent income12,000ユーロから，家を貸す義務を果たした1,000ユーロ分をデビットにして減らし，その分を今期のインカムステートメントに計上するRent income（家賃収入）にする修正仕訳を切ります。⑤が解答となります。

ではここまで学んだ内容を以下の図で確認してください。できれば同じものを自分で手で書いてみると，理解が深まり知識が定着するはずです。

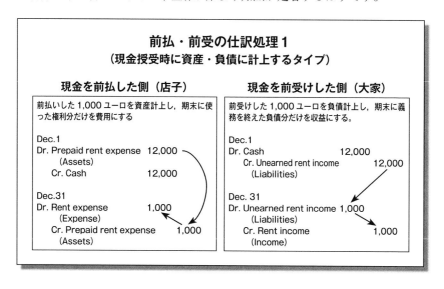

3 ▎前払・前受タイプの修正仕訳

　前払・前受タイプの修正仕訳については理解できましたか？　前払いについては「前払いで買った権利のうち，今年使った分の権利を減らして費用に振り替える」と覚えましょう。前受けについては「現金を前受けでもらって発生した義務のうち，今期義務の提供が完了した分だけ義務を減らして収益に振り替える」と覚えてください。

　ところで，前払・前受タイプの仕訳処理には，今学んだ内容の逆バージョンもあります。前払いの場合は，先に現金をまとめて払ったときに全額を費用として記録しておき，後から今年費用として使わなかった分（実態としては費用として多すぎになっている分）を期末にアセットに権利として積み直すというやり方です。

　前受けの場合は，先に現金をまとめてもらったときに全額を収益として記録しておき，あとから今年の収益にはならなかった分（実態としては収益として多すぎになっている分）を期末に負債としてライアビリティーズに積み直すというやり方になります。

　実際にどのようになるのか，これまで勉強してきた例を使って見てみましょう。

　もう一度以下の内容をみて例の前提条件を思い出してください。

　Ａさんは，12月1日に，賃貸料1カ月1,000ユーロの部屋の1年分の家賃12,000ユーロを大家さんに前払いしました。つまり，来年の11月30日までこの部屋に住む権利を買ったのです。

　このとき大家さんは，1年分の現金を先にもらうことにより，これからこの部屋を1年間Ａさんに貸す義務を負ったことになります。

　別バージョンでの処理の仕方は，現金の前払・前受をしたときに，権利・義務に記録するのではなく，全額を費用・収益として記録するところからスタートすることです。

> 前払・前受タイプの逆バージョン仕訳では，現金の授受タイミングで，支払ったほうは費用，もらったほうは収益として仕訳を切り，期末に多すぎた費用を資産に振り替え，多すぎた収益を負債に振り替える修正仕訳を行います。結果的にバランスシートに記録される資産・負債，インカムステートメントに記録される収益・費用の額は，最初に資産・負債に記録するバージョンと同じになります。

注意していただきたいのは，逆バージョンでも今年のインカムステートメントに載る費用の額や収益の額と，バランスシートに残っている権利や負債の額は変わらないということです。ただし，修正仕訳は，スタートの仕訳が違うので異なるものとなります。

ではまず家を借りているAさんの逆バージョンを見てみましょう。

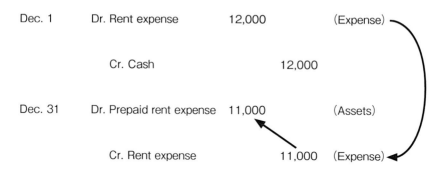

Tアカウントでも動きを確認してみましょう。

逆バージョンで仕訳をしても，結果的に Prepaid rent expense と Rent expense の期末残高が変わらないことを確認してください。

では，大家さんの逆バージョンも見てみましょう。

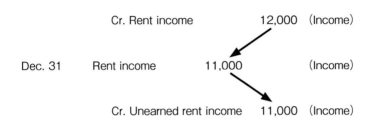

T アカウントでも動きを確認してみましょう。

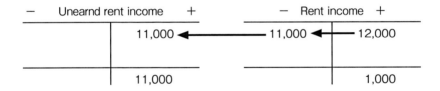

では逆バージョンの仕訳処理について例題で理解しましょう

例題 1

On December 1, 2015, ABC Company, a calendar-year company, made a 1 year rent agreement and paid €12,000 to XYZ Company, The amount was debit to an Expense account. Which of the following adjusting entry should ABC make at the end of the first year?

① Dr. Rent expense　　12,000
　　　Cr. Cash　　　　　　　　12,000
② Dr. Prepaid rent　　12,000
　　　Cr. Cash　　　　　　　　12,000

③　Dr. Rent expense　　　1,000
　　　　Cr. Prepaid rent　　　　　　1,000
④　Dr. Prepaid rent　　　11,000
　　　　Cr. Rent expense　　　　　　11,000
⑤　Dr. Cash　　　　　　　1,000
　　　　Cr. Rent expense　　　　　　1,000

〈答え〉　④

〈解説〉

問題の前提条件は，2節の例題1と同じですが，前払い分は最初に全額Expenseとして記録したという情報があります。これは最初に全額を費用計上する方法を使ったということですので，期末に多すぎるRent expense 11,000ユーロをクレジットにして減らし，来年も使える権利としてデビットにPrepaid rent 11,000ユーロをバランスシートのAssetsとして積み直します。

例題2

On December 1, 2015, XWZ Company, a calendar-year company, made a 1 year rent agreement and received €12,000 from ABC Company, The amount was credit to an Income account. Which of the following adjusting entry should XWZ make at the end of the first year?

①　Dr. Cash　　　　　　　　　12,000
　　　　Cr. Unearned rent income　　　12,000
②　Dr. Cash　　　　　　　　　12,000
　　　　Cr. Rent income　　　　　　　12,000
③　Dr. Rent income　　　　　　11,000
　　　　Cr. Unearned rent income　　　11,000
④　Dr. Cash　　　　　　　　　1,000
　　　　Cr. Rent income　　　　　　　1,000

⑤　Dr. Unearned rent income　1,000
　　　Cr. Rent income　　　　　　　　1,000

〈答え　⑤〉

〈解説〉

　問題の前提条件は，2節の例題2と同じですが，前払い分は最初に全額をIncome として記録したという情報があります。これは最初に全額を収益計上する方法を使ったということですので，期末に多すぎる Rent income 11,000ユーロをデビットにして減らし，来年も果たさなくてはならない義務としてクレジットに Unearned rent income 11,000 ユーロをバランスシートの Liabilities として積み直します。

　ではここまで学んだ内容を下の図で確認してください。できれば同じものを自分で手で書いてみると理解が深まり知識が定着するはずです。

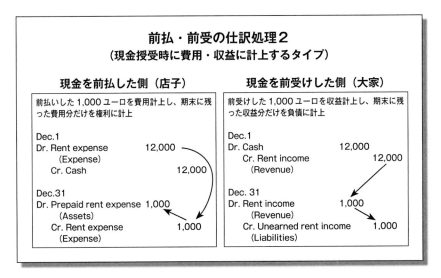

　ここで，ちょっと整理しておきたいことがあります。それは"Expense（費用）"と書いてあるのに，Asset（権利）だったり，"Income（収益）"と書いてあるのに Liabilities（負債）になるものなどについてです。

勘違いしやすいもの，間違えやすいものを下の表にそれぞれの発生原因パターンのペアでまとめてみました。

ここに書かれた4つは，それぞれExpenseとかRevenueと書いてあるのに，インカムステートメントではなくバランスシートに書かれるものです。ひとつずつ確認しましょう。

① Prepaid expense（前払費用）

これは前払取引で発生します。先に現金で払っているので，サービスを受ける権利が発生しています。

② Unearned revenure（income）（前受収益）

これは前受取引で発生するもので，先に現金を受け取っているのでサービスを提供する義務が発生しています。

③ Accrued revenue（income）（未収収益）

これは未収取引で発生します。収益は発生しているのに現金でもらっていない状態です。Receivableと同じ効果です。

④ Accrued expense（未払費用）

これは未払取引で発生します。費用は発生しているのに，現金で払っていない状態です。Payableと同じ効果です。

下の図をみて，それぞれの発生原因から発生するペアで覚えてください。

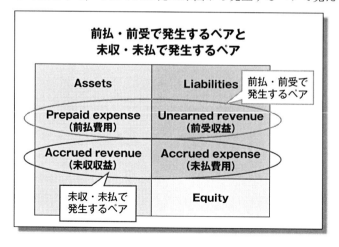

4 未収収益・未払費用の修正仕訳

　前払・前受タイプの修正は，先に現金のやり取りがあり，あとからサービスの提供がされる取引でした。前払の場合は先に現金を支払ってあとからサービスを受け，前受の場合は，先に現金の入金があってあとからサービスの提供をしていました。

　これに対して未収収益（Accrued revenue），未払費用（Accrued expense），は現金がまだ動いていない状態です。つまり先に費用が発生しているのに決算日になってもまだ現金の支払いがされていない，または先に収益が発生しているのに決算日になってもまだ現金の入金がされていないという状況です。期末になって確認してから，今期に計上すべき収益や費用の額を確定して，仕訳を切ります。

　大家さんと店子さんの例で考えてみましょう。

　期末（12月末決算で考えてください）になって，大家さんは銀行で家賃収入用の通帳の通帳記入をしたところ，店子さんが振込みで払うべき12月分の家賃 1,000 ユーロがまだ入金されていないことに気づきました。そこで店子さんに連絡して「早く払ってください。」と言ったところ「大家さんすいません…，先週の忘年会でたくさんお金を使ってしまい，今現金が足りないのです。来年1月に入ったらすぐに払いますので，1月まで待ってもらえないでしょうか？」と言われました。「まったくしょうがないなあ…必ず1月に払ってくださいよ。」と言って電話を切った大家さんは，今期中に現金が入ってこないことがわかりましたが，家を貸す義務は果たしたので，入ってくるはずだった家賃分を今期の収入とします。そこで次ページのような仕訳を切ります。

未収・未払タイプの修正仕訳は，今期に計上するべき収益・費用について期末に現金授受が終わらなかった分について確認し，仕訳処理を行います。

例：12月分の家賃€1,000を店子が滞納したまま年を越すとき

＜大家側（収入を記録し，残っている家賃を受け取る権利を計上）＞

  Dr. Rent receivable   1,000
      Cr. Rent income   1,000

そして家賃を払えずに年を越す店子さん側では以下のような仕訳を切ります。

＜店子側（費用を記録し，払う義務を計上）＞

  Dr. Rent expense   1,000
      Cr. Rent payable   1,000

まとめると下の図のようになります。

**支払義務があっても今期現金は払わない，
受け取る権利があっても今期現金は受け取らない
ときのJournal entry**

大家さんと店子の例で見てみましょう。
例：12月分の家賃€1,000を店子が滞納したまま年を越すとき
・大家側（収入を記録し，受け取る権利を計上）
・Dr. Rent receivable   1,000
    Cr. Rent income   1,000
・店子側（費用を記録し，払う義務を計上）
・Dr. Rent expense   1,000
    Cr. Rent payable   1,000

第7章 修正仕訳（Adjusting entry）

修正仕訳は，何度も手で書いて覚えるのが効果的です。実務的に役立てたり資格試験にチャレンジする方は，何度も手で書いて覚えることをオススメします。

5 ▍前払タイプの特殊なもの―減価償却（Depreciation）

　さあ，ここまでさまざまな修正仕訳について学んできましたが，だいたい理解できましたでしょうか？

　次の章ではいよいよ決算書を作るためのWorksheet（精算表）へ進んでいきますが，その前に，前払タイプの特殊なものとして減価償却（Depreciation）について学んでおきましょう。

　ディプリシエーションは，主に固定資産（Fixed assets）を購入したときに使われる会計処理の仕方です。固定資産は，すぐに売るために買う在庫（Inventories）とは違い，長い期間保有して，そこから収益を生むことを目的として手に入れるものです。

　そして，固定資産は建物（Buildings）や機械装置（Equipment），車（Car）のように高額なものが多いのも特徴です。固定資産を手に入れるためにかかったコストを，現金で支払った年にまとめて計上してしまうと，その年は大赤字になるかもしれません。しかし，翌年以降は，コストがないのに収益だけが生まれてくるので，大黒字になるかもしれません。このように払ったコストと，そこから生まれてくる収益がきちんと対応していないと，コストだけがあって大赤字の年と，収益だけがあって大黒字の年が出てきてしまい，本当のその会社の力がわからない，会計の情報としてはゆがんだものになってしまいます。

　そこで，固定資産を手に入れるために使ったコストは，実際に現金で払った年にすべてを計上するのではなく，その固定資産が収益を生み出し続ける期間にわたって少しずつ費用化していこうということになったのです。これを「減価償却（Depreciation）」といいます。

　例えばトムさんのように，パソコンを買って，それを使ってインターネットでビジネスをする場合，パソコンは年々継続して収益を生んでいきますので，この収益に購入コストを少しずつ配分したほうが，インカムステートメントに表れる利益が平均化されて，実際のビジネスの力がわかりやすくなるのです。

減価償却とは，長い時間をかけて継続的に収益を生む資産の購入コストを，収益を生む期間に少しずつ費用として配分することで，結果である収益と，原因となった投資コストをマッチングさせて，利益を生む力を正しく判断しようとする方法です。

減価償却には，もうひとつの側面があります。それは，固定資産は，使っているうちに年々価値が下がっていくという事実を考慮しなくてはいけないということです。

例えば今年買ったパソコンを4年後に売るとなると，それは中古品として，かなり安い金額になってしまうはずです。このような時間による固定資産の価値の減少も考慮して減価償却という処理がされているのです。

図を見ながら理解を深めましょう。

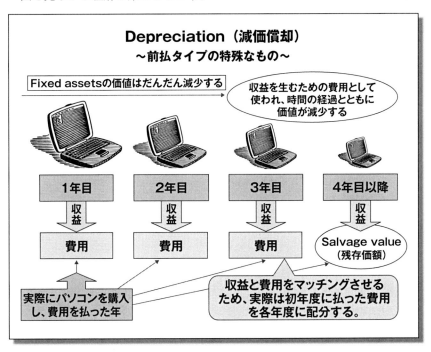

この図にはパソコンの減価償却のイメージが書かれていますが，パソコンでネットビジネスをすることで継続して生まれていく収益に，費用をマッチングさせていくという目的に沿って，最初にかけた資産購入コストがだんだんと費用配分されていく様子がわかると思います。このコスト分配期間を耐用年数（Useful life）といいますので，これも覚えておきましょう。このパソコンの場合は 4 年で費用化しようとしていますので，4 年が Useful life になります。

　ここで右の端に書いてある Salvage value（残存価額）というのは，何でしょうか？　これは，4 年後にこのパソコンの費用化が終わったとき，このパソコンを売却するとすれば，このくらいの価値が残っているだろうという金額のことです。費用化が終わってもこのパソコンがきちんと動くのであれば，価値はゼロとはならずに，売却価値が残ります。これを Salvage value（残存価額）といいます。

6 減価償却（Depreciation）の定義と計算の三要素

ここで減価償却の英語の定義も確認しておきましょう。

> **Depreciation Method**
>
> Depreciation can be defined as matching the costs of fixed assets to those periods expected to benefit from the use of the asset.
> It is thus a method of cost allocation.

この定義では固定資産が収益を生み出すことに対して，その取得コストを配分してあてがうことだといっていますね。「Cost allocation（費用分配）」という言葉がキーワードです。

減価償却はコストを何年かに配分してそれぞれにあてがうことなので，今年の Depreciation expense（減価償却費）がいくらになるのかを計算しなくてはいけません。計算には3つのエレメント（計算要素）が必要です。下の図で確認しましょう。

> **Depreciation—3 elements**
>
> 1) Acquisition cost　取得原価
>   Important—include all necessary costs
>   (e.g. shipping, installation)
> 2) Useful life　耐用年数
> 3) Salvage value　残存価額

まず第1の要素は，この固定資産（Fixed assets）を買った値段です。これを取得原価（Acquisition cost）といいます。この金額には，その固定資産が使える状態になるまでにかかったコストもプラスしてください。例えば建物で

減価償却費の計算では，取得原価と，耐用年数，残存価額の3つが必要です。

あれば登記費用（Registration cost）や，機械装置であれば機械が正常に動くかどうかのテスト費用（Testing cost）のようなものです。Assets を計上するときのルールは "Make them ready for use（その資産が使える状態になるまでにかかったコストを加えて計上すること）" です。覚えておきましょう。

第2の要素は，Useful life（耐用年数）です。これは，その固定資産が収益を生み出す期間を見積もったもので，費用を配分すべき期間のことです。

第3の要素は Salvage value（残存価額）です。これは，耐用年数の期間が終わっても，残っている売却価値という意味で，例えばトムさんの例では，費用償却期間（耐用年数）が終わったのちにパソコンを下取りに出したときに，一般的にこのくらいの価値で販売できると推測できる金額のことです。

サーベージバリューは，Scrap value（スクラップバリュー）や Residual value（レゼジュアルバリュー）とも呼ばれますが，同じ意味です。

この3つの要素を使って，次項から実際のディプリシエーションの計算をしていきましょう。

7 減価償却の仕訳と減価償却の計算（ストレートラインメソッド1）

ディプリシエーションの仕訳はちょっと特殊なものとなっています。

Depreciation Journal Entry

Typical accounting entries
　　Dr. Depreciation expense　　xxx
　　　　Cr. Accumulated depreciation　　xxx
Accumulated depreciation is another example of a contra account. It offsets Fixed Assets. It increases each year as the year's depreciation expense is added.

前に学んだ前受タイプの修正仕訳（先に資産計上をするタイプ）では，例えばビルディングを買って会計的に使った分を費用化するのであれば，まずデビットに Building をアセット計上し，年末に使った分をクレジットで減らすとともに，デビットには Building expense を計上するというルールになっていたはずです。しかし，固定資産はもともとの購入金額が大きいため，最初にいくらで手に入れたのかをバランスシート上に金額として残しておきたいのです。

普通に修正仕訳をしてクレジットでだんだん Building を減らしてしまうと，最初に買ったときの金額が段階的に減ってしまい，最初の購入額は残らなくなります。ですのでこれを避けるためにデビットには Depreciation expense（減価償却費）という特別な名前のアカウント（固定資産を今年費用化した分の意味）を使い，クレジットには Accumulated depreciation（減価償却累計額）とこれも特殊な名前のバランスシートアカウント（固定資産が費用化した分の累計額，固定資産の価値を削り取る効果）を使います。このようにすると，最初に買った値段と，後から費用化されていった金額の合計，そして今の帳簿

上の価値という3つが全部表示されることになり，バランスシートを読んだときに，会社の情報がよくわかるのです。

例えば1,500ユーロで1月1日に買ったパソコンを，300ユーロずつ毎年定額で4年かけて減価償却し，最後に300ユーロの残存価値（中古パソコンの下取り価値）が残るとすれば，

最初にパソコンを購入したときには

```
Dr. Computer      1,500
    Cr. Cash          1,500
```

その後毎年期末に以下のような減価償却の仕訳を4年間にわたって行います。

```
Dr. Depreciation expense       300
    Cr. Accumulated depreciation    300
```

すると4年後のコンピュータと減価償却累計額のTアカウントは以下のようになっています。減価償却累計額のアカウントは，資産勘定ですが，＋と－が逆になっていて，増えれば増えるほど資産が減るマイナス効果として働きます。

```
    ＋   Computer   －              －  Accumulated depreciation  ＋
        1,500                                                 300
                                                              300
                                                              300
        1,500                                                 300
                                                            1,200
```

そしてこの情報を合体させると，バランスシートの資産カテゴリーでは

```
  Computer                        1,500
 － Accumulated depreciation      (1,200)
 ＝ Net computer value              300 ＝ Salvage value
```

と表示され，購入したときのコンピュータの価値と，減価償却が進んでどこまでの価値が減っているのか，そして最後に残っている純粋な価値がどのくらいあるのかが明確になります。この最後に残った減価償却が完了しても残っている純粋な価値は，残存価値と同じ価値になっていますよね。つまり，残存価値とは，減価償却が終わっていても，その価値で売れる可能性があるということなのです。

それでは，ここから実際の減価償却計算について学んでいきましょう。まずは1番シンプルな計算方法であるストレートラインメソッド（定額法）から学んでいきましょう。

ストレートラインメソッドの計算式と計算イメージは以下のようなものです。

Straight line method（定額法）

This is one depreciation method and is the simplest.

Basic formula

**Depreciation expense =
(Acquisition cost − Salvage value)**
$$\times \frac{1}{\text{Useful life}}$$

> ストレートラインメソッドは，取得額から残存価額を引き，耐用年数で均等分割します。

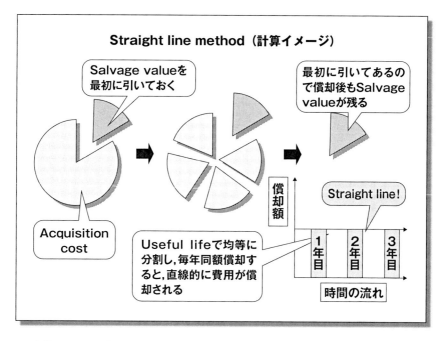

　計算イメージを見てください。計算式ではまず買った値段である円全体（Acquisition cost）から最後に残る売却価値（Salvage value）を引いています。そして，残った部分を均等分割すると，毎年の償却額が同額になります。

　縦軸に償却コスト，横軸を時間の流れとしてグラフにするとストレートラインになるので，これをストレートラインメソッドと呼ぶのです。日本の会計では，毎年同額なので定額法と呼びます。

8 ▍減価償却の計算（ストレートラインメソッド２）

それでは例題で理解を深めましょう。

> **Straight line method（1）**
> Jan. 1, Tom bought a Computer for €2,100.
> He will use it for 3 years, and estimates that its salvage value will be €300 at the end of the period.

例題では，１月１日にトムさんがコンピュータを2,100ユーロで購入し，３年間使って収益を生もうと思っていると書いてあります。ですから，コンピュータの取得額2,100ユーロは３年間に分割して徐々に費用化する必要があります。

また，３年後に下取りに出したときに売れるであろう価値を予測して300ユーロとしています。ですから，この残存価額は，約束事として費用の償却が終わっても残さなくてはいけません。

それでは実際の計算をしてみましょう。

> **Straight line method（2）**
> Depreciation =
>   (€2,100 − €300) ÷ 3 years
>   = €600
> Dr. Depreciation expense   600
>   Cr. Accumulated depreciation   600

この計算では最後に３で割っていますが，これは$\frac{1}{3}$を掛けているのと同じです。そして３年後までの計算結果を見てみましょう。

Accumulated Depreciation は、アセットなのにクレジットプラスの特殊なアカウントです。

```
Straight line method (3)
Tom's Computer
End of      Dep Exp.      Acc Dep.
Y1          600 Dr.       600 Cr.
Y2          600 Dr.       1200 Cr.
Y3          600 Dr.       1800 Cr.
(before he disposes of the asset)
```

　この表のように毎年インカムステートメントに記録する Depreciation expense は 600 ユーロずつです。同時に毎年 Accumulated depreciation（減価償却累計額）が 600 ユーロずつ累積されているのがわかりますか？ これはバランスシート上のアセットの部にマイナス項目として記録され、毎年コンピュータの価値を削り取っていきます。なぜならこのアカウントはアセットなのにクレジットがプラスになっている特殊なアカウントだからです。最終年度には以下の図のようになり、残存価額 300 ユーロがきちんと残ります。

```
Balance Sheet Presentation
The fixed assets are shown in the balance
sheet as follows:

Acquisition cost of fixed asset  €a       2,100
Accumulated depreciation        (€b)     (1,800)
Net book value of fixed assets  €a−€b     300
```

9 減価償却の計算（加速償却法）

　Depreciation の仕訳の仕方やストレートラインメソッドの計算の仕方，バランスシートのアセットのカテゴリーでの表示方法について学んできましたが，実は計算の方法はこれだけではなく，代表的なものは全部で4つあります。

> **Various Depreciation methods**
> We will study the following 4
> methods recognized by GAAP:-
> a) Straight line（定額法）
> b) Sum of the year's digits（級数法）
> c) Double-declining balance（2倍定率法）
> d) Units of production（生産高比例法）

　このうち，d）の生産高比例法は，時間の代わりに機械などの活動量を軸とするだけで，基本的な考え方はあまり変わりません。

　しかし，b）とc）は加速償却と呼ばれるもので，ストレートラインとは違う償却の仕方です。

　加速償却では全体の償却コスト額はストレートラインと変わりませんが，最初にたくさん費用化し，だんだんと小さく費用化するようにするのです。そして経営者はこのやり方のほうが好きなのです。なぜでしょうか？

　次ページの図を見てください。ストレートラインでは，毎年同じ金額がコストとして計上されていきます。これは単純でわかりやすいのですが，実際のビジネスから見ると2つの理由であまり使い勝手がよくないのです。

　まず，一般的に新商品を市場に出した場合は，上の点線のような売れ方をします。つまり，最初は人気が出て売れますが，だんだんと新しい商品や競争が厳しくなって売れなくなっていくのです。これをマーケティング用語でプロダ

加速償却は，最初に大きく後に小さくコスト償却して，償却スピードを上げています。

Units of production method

耐用年数の代わりに，「総活動量」を見積もって，今どのくらい活動したかに応じて減価償却する方法。ようするに，製品を100個作ったら壊れてしまう機械で，今期製品を20個作ったら，もう機械は20％は壊れていると考えられるので取得コストの20％を減価償却する。生産量や使用時間を単位とする。

Depreciation rate(償却率)＝当期生産量÷見積総生産量
　　　　　　　　　　　　　(当期使用時間)　(見積総使用時間)

Depreciation exp.
= Acquisition cost − Salvage value × Depreciation rate

加速償却（Accelerated depreciation method）のイメージ

- プロダクトライフサイクルを反映した売上
- ストレートラインメソッドによるコスト計上
- 加速償却によるコスト計上
- 早い段階で多くのコスト化が終わり，次の投資が可能になる。また，売上が多いときにコストが多いので節税になる
- 売上が落ちてきたときにはもうコスト化が終わっていて赤字にならない

クトライフサイクルといいます。つまり生物が生まれて死んでいくように商品の売れ具合もだんだん変わるのです。

このとき，ストレートラインで償却すると，売上が大きいときにコストを少ししか計上しないので，たくさん利益が出てたくさん税金が取られます。また売れなくなってもたくさんコストを計上しますから，赤字になってしまいます。

また，設備投資という観点からも加速償却のほうが早く重たいコストを終わらせることができるので，次々と新しい設備投資がしやすいのです。

このように経営の実態に合っているので，経営者は加速償却が好きなのです。

10 級数法（Sum of the year's digits method）

では加速償却法のうち，級数法（Sum of the year's digits method）から学んでいきましょう。級数法は，132ページのグラフで見たように最初のコスト償却額が大きく，後が小さくなる傾向を数学的に作り出すやり方です。

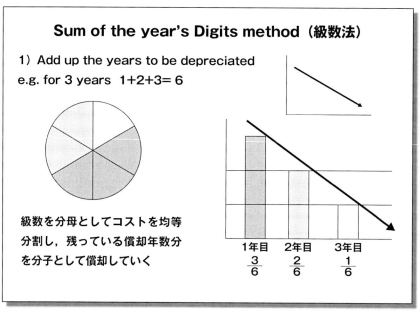

上の図を見てください。級数法では，例えば耐用年数が3年の場合，1＋2＋3と計算し，答えの6を級数（コストをいくつに均等分割するかという数字）とします。そして，3年で償却する1年目は，まだあと3年残っているので，これを分子として，$\frac{3}{6}$のコストを償却します。2年目はあと2年残っているのでこれを分子として，$\frac{2}{6}$のコストを償却，3年目はあと1年なのでこれを分子として，$\frac{1}{6}$をコスト償却します。すると，前項のグラフにあったような最初が大きく，後が小さいグラフになりますね。このようにして計算するのが級数法です。

級数法は数学的に最初が大きく後が小さい償却カーブを作る計算方法です。

　そして，この級数を決めるのに簡単な方法があります。3 年なら問題ないのですが，例えば 50 年で償却する場合，1 から順番に足していって途中で間違えないかどうか自信がありますか？ そんな場合には大変便利な計算の仕方があります。

　それは $\frac{n(n+1)}{2}$ という公式です。うわあっ数学だ！　などと恐れてはいけません。このｎという部分に耐用年数の数字を入れると自動的に級数が出てくるという大変スグレモノの公式なのでぜひ覚えて使いましょう。

　例えば耐用年数が 3 年なら |3(3 + 1)| ÷ 2 ということです。つまり 3 × 4 = 12 を 2 で割りますので答えは 6 ですね。もし耐用年数が 50 年なら |50（50 + 1）| ÷ 2 となり，50 × 51 = 2,550 を 2 で割った 1,275 が級数になります。そして 1 年目は $\frac{50}{1,275}$，2 年目は $\frac{49}{1,275}$ というように償却していくのです。

　この公式は天才数学者といわれたガウスが考案したものです。

　それでは実際の級数法の計算式を見てみましょう。

Sum of the year's disits method（計算方法）

級数法の計算式

（Cost－Salvage value）×（残存年数÷級数）

1) $\frac{n(n+1)}{2}$　　※ n = Useful life
   and use as denominator（分母）
2) Use the years in reverse order as the numerator（分子）
   e.g. 3,2,1 giving $\frac{3}{6}, \frac{2}{6}, \frac{1}{6}$, as the depreciation rates

まず最初のコストからサーベージバリューを引くところまでは，ストレートラインと同じですね。違うのはその後です。さきほどのガウスの公式を使って級数を出し，これを分母，そして残っている償却年数を分子として毎年の償却レートを作り，毎年変わる償却レートを掛けてその年ごとの償却コストの額を計算していくのです。

11 ┃ 2倍定率法（Double declining balance method）

もうひとつの加速償却法は2倍定率法（Double declining balance method）というやり方です。これはストレートラインの2倍の償却率を使って加速償却をしようというやり方です。

> **Double declining balance method（2倍定率法）**
>
> 1) Use double the rate of the straight line method as the depreciation rate
> 2) 2倍定率法の公式
>   Depreciation expense
>   = Net assets value（Acquisition cost − Accumulated depreciation）× $\dfrac{2}{\text{Useful life}}$
> 3) 残存価額は約束どおり残さなくてはいけないので注意！
>   （式の中に残存価額を引くところがないので‥）

この2倍定率法は、他のメソッドと違い、計算式の前半ではサーベージバリューを引きません。その代わりにCost（取得価額）からAccumulated depreciation（減価償却累計額）を引いた純簿価（Net assets value）を使い、これに耐用年数分の2を掛けて減価償却費を算出します。ストレートラインでは耐用年数分の1を掛けて計算しましたので、2倍の償却スピードで費用計上していくということです。

グラフにすると、右上の図のような傾向になり、加速償却されていることがわかります。

> 級数法と２倍定率法のどちらでも計算できるように，よく反復トレーニングしましょう。

２倍定率法で注意しなくてはいけないのは，最初にサーベージバリューを引いていないので，償却の最終年度になったら，コスト計上しすぎていて約束のサーベージバリューが残っていなかったり，逆にコスト計上が少なくて残りすぎてしまうことです。

それでは２つの加速償却法の計算について例題で理解を深めましょう。

例題１

XYZ Company bought equipment on January 1, 2016 at a cost of €14,000. Its useful life is estimated 4 years and the salvage value is €2,000. Based on the double-declining balance method, calculate the depreciation expense of the equipment for 2016 income statement purpose.

XYZ is a calendar-year company.

① €5,000
② €6,000
③ €7,000
④ €8,000
⑤ €9,000

〈答え ③〉

〈解説〉

初年度なのでまだ Accumulated depreciation がありません。よって計算式は $14{,}000 \times 50\% \left(\frac{2}{4}\right)$ で，答えは 7,000 ユーロです。

例題2

In the previous case, if XYZ uses the sum-of-year's-degit method, How much is the depreciation expense?

① €4,800
② €5,000
③ €6,000
④ €7,000
⑤ €8,000

<答え ①>

<解説>

まず級数を計算します。4(4 + 1) = 20, 20 ÷ 2で級数は10, 1年目は残存年数が4年なので$\frac{4}{10}$が償却率。Cost − Salvage value は 14,000 − 2,000 = 12,000 なので, これに$\frac{4}{10}$を掛けると 4,800 ユーロが答えになります。

このように同じ加速償却でも, 計算方法の違いで毎年の償却額は異なります。

12 ▎決算までの大まかな流れ

> **Full accounting workflow**
> 1）Transaction（取引の発生）
> 2）Journalizing → Journal entry（取引の内容を時間の経過とともに日記のようなものに記録していく記録法）
> 3）Posting → Ledger entry（月末に今度は種類別に記録し直す）
> 4）Create trial balance（試算表でチェック）
> 5）Work sheet（精算表を使って財務諸表 B/S、I/S のもとになるデータを作る）
> 6）Create financial statements（体裁を整えて財務諸表を作る）
> 7）Close ledgers（帳簿の締め切り）

さあ，それでは決算までの大まかな流れについて，見てみましょう。

まず，お金にかかわる何らかのトランザクション（取引）が発生したら，まずジャーナライジングするんでしたよね。そして日記のように時間の経過とともに，起きたことを記録していきます。このときの記録の仕方はジャーナルエントリーでデビットに何がいくら，クレジットに何がいくらというダブルエントリーシステムを使います。

そして，月末になったら，今度は種類の観点でまとめるためにレジャーに種類ごとに記録し直します。これをポスティングというんでしたね。

そして，デビットに入っているデータとクレジットに入っているデータが同じ数字になっているかどうかを確認するために，トライアルバランスを作ります。

トライアルバランスではデビットの合計とクレジットの合計が合うかどうかをチェックします。

決算が近づいてきたら，年度末のトライアルバランスのデータを整理し，ワ

ここがポイント!! 決算までの大きな流れをまず押さえましょう。そうすると個別の処理が何のためのものなのかが理解でき，早く会計を理解することができます。

ークシートにそれぞれのアカウントの最終残高を記録します。

　そして，この情報に修正仕訳を加えて，インカムステートメントを作るためのデータとバランスシートを作るためのデータを作ります。

　そして，インカムステートメントとバランスシートを体裁を整えて作成し，最後にバランスシート項目だけでもう1回トライアルバランスを作成し，チェックしたら決算は完了です。決算を行うと，インカムステートメントの項目であるインカムやエクスペンスは全部なくなってしまいます。これについては，次の章のワークシートの中で学びます。

　この流れについて，例題で理解を深めましょう。

例題

Rearrange the following steps into the proper order.

Ⅰ　Occurrence of a transaction
Ⅱ　Preparation of financial statements
Ⅲ　Preparation of trial balance
Ⅳ　Posting to the general ledger
Ⅴ　Journalizing an entry

① Ⅰ―Ⅱ―Ⅲ―Ⅳ―Ⅴ
② Ⅰ―Ⅴ―Ⅳ―Ⅲ―Ⅱ
③ Ⅰ―Ⅴ―Ⅳ―Ⅱ―Ⅲ
④ Ⅰ―Ⅲ―Ⅱ―Ⅳ―Ⅴ
⑤ Ⅰ―Ⅳ―Ⅴ―Ⅱ―Ⅲ

＜答え　②＞

<解説>
　問題は，会計処理について正しい順番にしなさいといっているので，前ページで学んだとおりにならべると②になります。

第8章
精算表（Work sheet）

1 精算表（Work sheet）はトライアルバランスに修正仕訳の情報を合体させ，財務諸表を作るための表です

　さあ，いよいよ大詰めになってきました。決算の準備です。

　11月に始めたトムさんのビジネスも，今年は良いスタートが切れました。

　仕入れた商品は全部売れ，ビジネスコンサルタントの依頼も受注して，前受けでコンサルティング料が入ってきました。あとはもう年末ですので決算をきちんとして，確定申告の準備をするだけです。

　まりもは言います。

「ワークシートがきちんと作れれば，決算は簡単だよ！」

　トムさんはわからないことだらけです。

「決算ってどうすればいいの？　そもそもワークシートって何？」

「ワークシートは，トライアルバランスのデータに，決算時の修正を入れて，インカムステートメントとバランスシートの元データをつくる表だよ。」

「それって難しいんじゃないの？　もちろんいっしょにやってくれるよね！」

「しょうがないなあ……あんまり甘やかしたくないんだけど……」

　まりもはシブシブ手伝ってあげることにしました。

「まず今年のトライアルバランスを見てみよう！」

まずは決算日時点での修正項目を確認しましょう。

Prepare an 8 column Work sheet-1

Tom's Trial balance
December 31, 2016 (€)

	Dr.	Cr.
Cash	19,300	
Accounts receivable	500	
Prepaid rent	12,000	
Computer	2,100	
Accounts payable		1,000
Unearned income		12,000
Share capital		20,000
Sales		4,500
Cost of sales	2,500	
Rent expense	1,000	
Utilities expense	100	
TOTAL	37,500	37,500

「今年のトライアルバランスはもう出来ているみたいだね。12月に12,000ユーロ1年分の家賃を前払いした分と，お客さんからコンサルティング料12,000ユーロを1年分前受けでもらった情報もちゃんと入っているね。」

「12月21日から雇用したアルバイトさんの給与の支払い開始，来年からでいいんだよね？」

「ここからどうすればいいのかな？」トムさんは初めての作業に興味津々です。

「次は今年の年末時点での修正項目を確認することだよ」

2 修正仕訳の処理—1

「ああ，それは紙にまとめておいたよ。ええと確か修正項目は4つだったはずだよ。」

「それじゃあ，ひとつずつどのように修正仕訳を入れていくのか確認していこう。」

Prepare an 8 column Work sheet. Step2

・Adjustment information
(a) Rent expired for year €1,000
今期分の家賃経費は1,000ユーロでした。
(b) Consulting fee of this year is €1,000
今期サービスを行った分のコンサルタント収入は1,000ユーロでした。
(c) Salaries accrued €400
今期末時点の未払給与は400ユーロでした。
(d) Depreciation expense of this year is €100
今期の減価償却費（パソコン）は100ユーロでした。

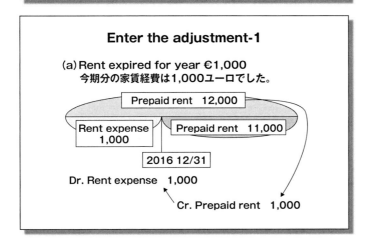

ワークシートにはまずトライアルバランスの情報を転記し，修正仕訳を入れていきます。

「最初の修正仕訳は，今年前払いした12,000ユーロの家賃のうち，1,000ユーロは今年の費用なので，デビットにRent expenseを1,000ユーロ計上し，クレジットで同額のPrepaid rentを減らすという処理になるね。」

「まずワークシートを用意して，トライアルバランスの情報を入れておこう。」

(€)

Account title	Trial balance		Adjustments		Income statement		Balance sheet	
	Dr.	Cr.	Dr.	Cr.	Dr.	Cr.	Dr.	Cr.
Cash	19,300							
Accounts receivable	500							
Prepaid rent	12,000							
Computer	2,100							
Accounts payable		1,000						
Unearned income		12,000						
Share capital		20,000						
Sales		4,500						
Cost of sales	2,500							
Rent expense	1,000							
Utilities expense	100							
Total	37,500	37,500						

「そして最初の修正仕訳をワークシートの Adjustment（調整欄）に入れてみよう！」

「ふーん。調整欄には修正仕訳の情報を入れるんだ。なるほどね。」

(€)

Account title	Trial balance		Adjustments		Income statement		Balance sheet	
	Dr.	Cr.	Dr.	Cr.	Dr.	Cr.	Dr.	Cr.
Cash	19,300							
Accounts receivable	500							
Prepaid rent	12,000			1,000				
Computer	2,100							
Accounts payable		1,000						
Unearned income		12,000						
Share capital		20,000						
Sales		4,500						
Cost of sales	2,500							
Rent expense	1,000		1,000					
Utilities expense	100							
Total	37,500	37,500						

3 修正仕訳の処理—2

「じゃあ2つ目の修正仕訳を入れてみようか！」

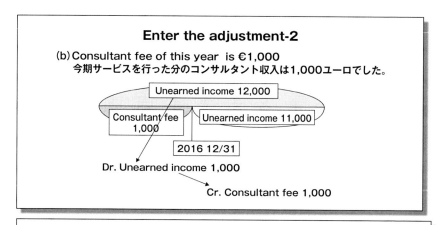

	(€)								
Account title	Trial balance		Adjustments		Income statement		Balance sheet	
	Dr.	Cr.	Dr.	Cr.	Dr.	Cr.	Dr.	Cr.
Cash	19,300							
Accounts receivable	500							
Prepaid rent	12,000			1,000				
Computer	2,100							
Accounts payable		1,000						
Unearned income		12,000	1,000					
Share capital		20,000						
Sales		4,500						
Cost of sales	2,500							
Rent expense	1,000		1,000					
Utilities expense	100							
Consulting fee				1,000				
Total	37,500	37,500						

第 8 章　精算表（Work sheet）　　149

修正仕訳を入れるときに，書き込む欄がなかったら自分で追加しましょう。

「ええと，次の修正は，今年 1 年分前受けでもらったコンサルタント料のうち，実際にコンサルティングをしたのは 1,000 ユーロ分だから，デビットに Unearned income を 1,000 ユーロ分減らし，その分クレジットに 1,000 ユーロの Consulting fee を記録するんだよね？」

「そうそう，わかってきたじゃない。さっそくワークシートに記入してみよう。あっそうだ，コンサルティングフィーは今，書き込む欄がないはずだから，自分で書き足してね。」

「それじゃあ 3 つ目の修正を入れてみよう。すでに発生している人件費の処理だね。デビットに人件費，クレジットに支払義務を記録しよう。」

「Salary expense をデビットに記録して，Salary payable をクレジットに記録すればいいんだよね。両方とも表の中には書き込む欄がないので，自分で追加するんだね。」

Enter the adjustment-3

(c) Salaries accrued €400
今期末時点の未払給与は400ユーロでした。

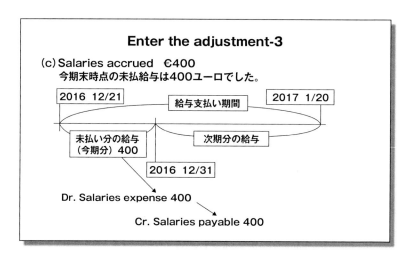

Account title	Trial balance		Adjustments		Income statement		Balance sheet	
	Dr.	Cr.	Dr.	Cr.	Dr.	Cr.	Dr.	Cr.
Cash	19,300							
Accounts receivable	500							
Prepaid rent	12,000			1,000				
Computer	2,100							
Accounts payable		1,000						
Unearned income		12,000	1,000					
Share capital		20,000						
Sales		4,500						
Cost of sales	2,500							
Rent expense	1,000		1,000					
Utilities expense	100							
Consulting fee				1,000				
Salary expense			400					
Salary payable				400				
Total	37,500	37,500						

(€)

4 修正仕訳の処理—3

「4番目はディプリシエーションだね。ちゃんと計算できるかな？」

「まかしといてよ。僕のビジネスはストレートラインで計算するから，コストからサーベージバリューを引いて耐用年数で割ればいいんでしょ！」

「いや，ちょっと待って，トムさんがパソコンを買ったのは11月2日でしょ。だったら計算結果に$\frac{2}{12}$をかけないとダメだよ。」

「ええっ，どうして？」

「だってディプリシエーションの計算式は1年分のコストが計算されちゃうから，12カ月で割って，そのうちの2カ月分だけを今年のコストにしないとおかしいじゃない。」

「じゃあ計算結果で残った分はどうしたらいいの？」

「それは来年に繰り越して使うんだよ。来年使い切ったところで再計算するんだ。」

「ふーん。けっこう複雑なんだね……」

Enter the adjustment-4

d) Depreciation expense of this year is €100
　　今期の減価償却費（パソコン）は100ユーロでした。

Depreciation = (€2,100 − €300) ÷ 3 years = €600

€600 × $\frac{2}{12}$ = €100

Dr. Depreciation expense　　100
　Cr. Accumulated depreciation　　100

> 期中に購入したディプリシエーションの計算では、減価償却の計算式を使って出た結果のうち、今年使用した期間分だけが今年の減価償却費になり、残りは来期以降に繰り越されますので注意しましょう！

期の途中で購入した固定資産の減価償却費は来年に繰り越される部分があります。

期中に購入した固定資産の減価償却では、減価償却計算の結果は1年分出るので、今年計上分だけを費用計上し、残りは翌年に繰り越していく。次年度は、繰越分が終わったところから再計算するが、DDBで計算する場合は減価償却累計額が変わっているので計算時に注意！

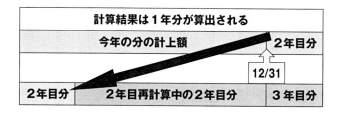

「特にDDBの計算のときは、Accumulated depreciation（減価償却累計額）の数字が変わって、計算の前提となる簿価（取得原価－減価償却累計額）が毎年変わっているから、再計算のときには注意しないとね！」

「なるほどね……とにかく計算は済んだからワークシートに記入しようよ！」

「その場当たり的なところが心配なんだよね……」

Account title	Trial balance		Adjustments		Income statement		Balance sheet		(€)
	Dr.	Cr.	Dr.	Cr.	Dr.	Cr.	Dr.	Cr.	
Cash	19,300								
Accounts receivable	500								
Prepaid rent	12,000			1,000					
Computer	2,100								
Accounts payable		1,000							
Unearned income		12,000	1,000						
Share capital		20,000							
Sales		4,500							
Cost of sales	2,500								
Rent expense	1,000		1,000						
Utilities expense	100								
Consulting fee				1,000					
Salary expense			400						
Salary payable				400					
Depreciation exp.			100						
Accumulated dep.				100					
Total	37,500	37,500							

5 修正仕訳が正しく入っているか確認をして，インカムステートメントへ

「さあ，今までに記入した修正仕訳が正しく入っているか確認してみよう。」
「ええっ，どうやるの？」
「簡単だよ，デビットの合計とクレジットの合計が合うかどうかを確認するんだ。」

(€)

Account title	Trial balance		Adjustments		Income statement		Balance sheet	
	Dr.	Cr.	Dr.	Cr.	Dr.	Cr.	Dr.	Cr.
Cash	19,300							
Accounts receivable	500							
Prepaid rent	12,000			1,000				
Computer	2,100							
Accounts payable		1,000						
Unearned income		12,000	1,000					
Share capital		20,000						
Sales		4,500						
Cost of sales	2,500							
Rent expense	1,000		1,000					
Utilities expense	100							
Consulting fee				1,000				
Salary expense			400					
Salary payable				400				
Depreciation exp.			100					
Accumulated dep.				100				
Total	37,500	37,500	2,500	2,500				

「うんうん。2,500ずつで合っているみたいだね。それじゃあ，いよいよインカムステートメントのデータを作っていこう！」
「インカムステートメントのデータを作る2列のうち，デビット欄にエクス

ペンス項目を移動し，クレジット欄にインカム項目を移動していくんだ。そして移動の途中で，修正仕訳のときに入れた数字にぶつかってしまったときは，デビットとデビット，またはクレジットとクレジットのように同じ側の数字だったらプラスしてから数字を移動し，デビットとクレジットのように違う側の数字だったらマイナスしてから数字を移動するんだよ。」

「なんか口でいわれても全然イメージつかめないんだけど……」

「だから表を見ながらやるんでしょ！ さあどんどんやるよ！」

「まず Sales と Cost of sales をインカム側に移動してみよう。これは問題なく移動できるね。」

(€)

Account title	Trial balance		Adjustments		Income statement		Balance sheet	
	Dr.	Cr.	Dr.	Cr.	Dr.	Cr.	Dr.	Cr.
Cash	19,300							
Accounts receivable	500							
Prepaid rent	12,000			1,000				
Computer	2,100							
Accounts payable		1,000						
Unearned income		12,000	1,000					
Share capital		20,000						
Sales		4,500				4,500		
Cost of sales	2,500				2,500			
Rent expense	1,000		1,000					
Utilities expense	100							
Consulting fee				1,000				
Salary expense			400					
Salary payable				400				
Depreciation exp.			100					
Accumulated dep.				100				
Total	37,500	37,500	2,500	2,500				

ここがポイント!! 移動途中に修正仕訳で書き加えた項目にぶつかったら，調整計算した結果の数字を移動させましょう。

「次に Rent expense を移動していくと……ほらさっき修正仕訳を入れた 1,000 ユーロにぶつかってしまうでしょ。そうしたらデビット同士なので足して，合計 2,000 ユーロの状態でデビットに移動するんだよ。そうすれば修正仕訳の影響が反映されたことになるんだよ。」

(€)

Account title	Trial balance		Adjustments		Income statement		Balance sheet	
	Dr.	Cr.	Dr.	Cr.	Dr.	Cr.	Dr.	Cr.
Cash	19,300							
Accounts receivable	500							
Prepaid rent	12,000			1,000				
Computer	2,100							
Accounts payable		1,000						
Unearned income		12,000	1,000					
Share capital		20,000						
Sales		4,500				4,500		
Cost of sales	2,500				2,500			
Rent expense	1,000		⊕1,000		2,000			
Utilities expense	100							
Consulting fee				1,000				
Salary expense			400					
Salary payable				400				
Depreciation exp.			100					
Accumulated dep.				100				
Total	37,500	37,500	2,500	2,500				

6 ┃ インカムステートメント

「残りのエクスペンス項目やインカム項目は修正欄にぶつかるものがないから，まとめて全部移動してみよう。」

(€)

Account title	Trial balance		Adjustments		Income statement		Balance sheet	
	Dr.	Cr.	Dr.	Cr.	Dr.	Cr.	Dr.	Cr.
Cash	19,300							
Accounts receivable	500							
Prepaid rent	12,000			1,000				
Computer	2,100							
Accounts payable		1,000						
Unearned income		12,000	1,000					
Share capital		20,000						
Sales		4,500				4,500		
Cost of sales	2,500				2,500			
Rent expense	1,000		1,000		2,000			
Utilities expense	100				100			
Consulting fee				1,000		1,000		
Salary expense			400		400			
Salary payable				400				
Depreciation exp.			100		100			
Accumulated dep.				100				
Total	37,500	37,500	2,500	2,500				

「全部のデータが移動したら，デビットの合計とクレジットの合計を出してみてね。」(次ページ参照)

「あれ，デビットが5,100でクレジットが5,500になってる。全然合わないんだけど……間違ったのかな？」

「いや違うよ。これは儲かった分の差額なんだよ。インカムがエクスペンス

デビットとクレジットが合わない場合，クレジットが多ければ，利益が出ていて，デビットが多ければ赤字になっているということです。

(€)

Account title	Trial balance		Adjustments		Income statement		Balance sheet	
	Dr.	Cr.	Dr.	Cr.	Dr.	Cr.	Dr.	Cr.
Cash	19,300							
Accounts receivable	500							
Prepaid rent	12,000			1,000				
Computer	2,100							
Accounts payable		1,000						
Unearned income		12,000	1,000					
Share capital		20,000						
Sales		4,500				4,500		
Cost of sales	2,500				2,500			
Rent expense	1,000		1,000		2,000			
Utilities expense	100				100			
Consulting fee				1,000		1,000		
Salary expense			400		400			
Salary payable				400				
Depreciation exp.			100		100			
Accumulated dep.				100				
Total	37,500	37,500	2,500	2,500	5,100	5,500		

を上回っているから，合わないんだ。今年はがんばったってことだよ。」

「へえ……僕ってやるじゃん！ ところでこのままじゃ表が合わないままだけどどうすればいいの？」

「差額分を Profit of the year（純利益）として，デビット側に書き足せばいいんだよ。これでデビットとクレジットが5,500ずつになってぴったり合うよね。」

第8章 精算表（Work sheet）

(€)

Account title	Trial balance		Adjustments		Income statement		Balance sheet	
	Dr.	Cr.	Dr.	Cr.	Dr.	Cr.	Dr.	Cr.
Cash	19,300							
Accounts receivable	500							
Prepaid rent	12,000			1,000				
Computer	2,100							
Accounts payable		1,000						
Unearned income		12,000	1,000					
Share capital		20,000						
Sales		4,500				4,500		
Cost of sales	2,500				2,500			
Rent expense	1,000		1,000		2,000			
Utilities expense	100				100			
Consulting fee				1,000		1,000		
Salary expense			400		400			
Salary payable				400				
Depreciation exp.			100		100			
Accumulated dep.				100				
Profit for th year					400			
Total	37,500	37,500	2,500	2,500	5,500	5,500		

「そして，このデータを使ってあとは体裁を整えたら，もうインカムステートメントが作れるんだよ。」

7 ▎バランスシート―1

「それじゃあ，次はバランスシートのデータを作っていこう。まずは何もぶつかるものがない Cash と Accounts receivable を移動してみよう。」

(€)

Account title	Trial balance		Adjustments		Income statement		Balance sheet	
	Dr.	Cr.	Dr.	Cr.	Dr.	Cr.	Dr.	Cr.
Cash	19,300						19,300	
Accounts receivable	500						500	
Prepaid rent	12,000			1,000				
Computer	2,100							
Accounts payable		1,000						
Unearned income		12,000	1,000					
Share capital		20,000						
Sales		4,500				4,500		
Cost of sales	2,500				2,500			
Rent expense	1,000		1,000		2,000			
Utilities expense	100				100			
Consulting fee				1,000		1,000		
Salary expense			400		400			
Salary payable				400				
Depreciation exp.			100		100			
Accumulated dep.				100				
Profit for th year					400			
Total	37,500	37,500	2,500	2,500	5,500	5,500		

「次に Prepaid rent を移動していくと……さっき修正を入れたクレジットの 1,000 ユーロにぶつかってしまうでしょ。そうしたら今回はデビットとクレジットなのでマイナスするんだよ。そしてマイナスした結果の 11,000 ユーロをバランスシートの資産として移動するんだ。」

第 8 章　精算表（Work sheet）

(€)

Account title	Trial balance		Adjustments		Income statement		Balance sheet	
	Dr.	Cr.	Dr.	Cr.	Dr.	Cr.	Dr.	Cr.
Cash	19,300						19,300	
Accounts receivable	500						500	
Prepaid rent	12,000			⊖1,000			11,000	
Computer	2,100							
Accounts payable		1,000						
Unearned income		12,000	1,000					
Share capital		20,000						
Sales		4,500				4,500		
Cost of sales	2,500				2,500			
Rent expense	1,000		1,000		2,000			
Utilities expense	100				100			
Consulting fee				1,000		1,000		
Salary expense			400		400			
Salary payable				400				
Depreciation exp.			100		100			
Accumulated dep.				100				
Profit for th year					400			
Total	37,500	37,500	2,500	2,500	5,500	5,500		

「なるほど，デビット，クレジットだったらマイナスするっていうのはこういうことなんだね……。図で見てやっとわかったよ。」

「特にワークシートは，図で動きを見ないとイメージがつかみにくいんだよ。でもこれでわかったでしょ。次は Computer，Accounts payable を移動してみよう。」

(€)

Account title	Trial balance		Adjustments		Income statement		Balance sheet	
	Dr.	Cr.	Dr.	Cr.	Dr.	Cr.	Dr.	Cr.
Cash	19,300						19,300	
Accounts receivable	500						500	
Prepaid rent	12,000			⊖1,000			11,000	
Computer	2,100						2,100	
Accounts payable		1,000						1,000
Unearned income		12,000	1,000					
Share capital		20,000						
Sales		4,500				4,500		
Cost of sales	2,500				2,500			
Rent expense	1,000		1,000		2,000			
Utilities expense	100				100			
Consulting fee				1,000		1,000		
Salary expense			400		400			
Salary payable				400				
Depreciation exp.			100		100			
Accumulated dep.				100				
Profit for th year					400			
Total	37,500	37,500	2,500	2,500	5,500	5,500		

第8章　精算表（Work sheet）　163

「そして次に Unearned income を移動しようとすると、デビットに入れた修正金額にぶつかってしまうので、これもデビットクレジットだからマイナスして、計算結果の 11,000 ユーロを移動させよう。」

(€)

Account title	Trial balance		Adjustments		Income statement		Balance sheet	
	Dr.	Cr.	Dr.	Cr.	Dr.	Cr.	Dr.	Cr.
Cash	19,300						19,300	
Accounts receivable	500						500	
Prepaid rent	12,000			⊖1,000			11,000	
Computer	2,100						2,100	
Accounts payable		1,000						1,000
Unearned income		12,000	⊖1,000					11,000
Share capital		20,000						
Sales		4,500				4,500		
Cost of sales	2,500				2,500			
Rent expense	1,000		1,000		2,000			
Utilities expense	100				100			
Consulting fee				1,000		1,000		
Salary expense			400		400			
Salary payable				400				
Depreciation exp.			100		100			
Accumulated dep.				100				
Profit for th year					400			
Total	37,500	37,500	2,500	2,500	5,500	5,500		

8 ┃ バランスシート—2

「さあ残りの Share capital, Salary payable, Accumulated depreciation を移動しよう。おっと Accumulated depreciation は資産勘定だけど、プラスマイナスが逆のアカウントだからクレジットに入れないといけないので注意してね。」

(€)

Account title	Trial balance		Adjustments		Income statement		Balance sheet	
	Dr.	Cr.	Dr.	Cr.	Dr.	Cr.	Dr.	Cr.
Cash	19,300						19,300	
Accounts receivable	500						500	
Prepaid rent	12,000			⊖1,000			11,000	
Computer	2,100						2,100	
Accounts payable		1,000						1,000
Unearned income		12,000	⊖1,000					11,000
Share capital		20,000						20,000
Sales		4,500				4,500		
Cost of sales	2,500				2,500			
Rent expense	1,000		1,000		2,000			
Utilities expense	100				100			
Consulting fee				1,000		1,000		
Salary expense			400		400			
Salary payable				400				400
Depreciation exp.			100		100			
Accumulated dep.				100				100
Profit for th year					400			
Total	37,500	37,500	2,500	2,500	5,500	5,500		

「さあ、これで全部の移動が終わった。デビットとクレジットの合計を確認してみよう。」

Accumulated depreciation はクレジットに移動します。また，Profit fot the year はクロージングエントリーをした結果をバランスシートの Equity カテゴリーにある Retained earning に記録しますので，ワークシートのバランスシート欄のクレジットサイドに移動します。

(€)

Account title	Trial balance		Adjustments		Income statement		Balance sheet	
	Dr.	Cr.	Dr.	Cr.	Dr.	Cr.	Dr.	Cr.
Cash	19,300						19,300	
Accounts receivable	500						500	
Prepaid rent	12,000			⊖1,000			11,000	
Computer	2,100						2,100	
Accounts payable		1,000						1,000
Unearned income		12,000	⊖1,000					11,000
Share capital		20,000						20,000
Sales		4,500				4,500		
Cost of sales	2,500				2,500			
Rent expense	1,000		1,000		2,000			
Utilities expense	100				100			
Consulting fee				1,000		1,000		
Salary expense			400		400			
Salary payable				400				400
Depreciation exp.			100		100			
Accumulated dep.				100				100
Profit for th year					400		⇓	⇓
Total	37,500	37,500	2,500	2,500	5,500	5,500	32,900	32,500

「あれ，合計はデビットが 32,900 ユーロでクレジットは 32,500 ユーロになっていて合わないなあ……。どこか間違えているんじゃないの？」

「いや，これは最終利益が Equity カテゴリーにしまわれていないから合わないんだ。」

「はあ？　どういうこと？」

「実はインカムステートメントに記録される Income や Expense の項目は，決算をしたらどちらもいったんゼロに戻す決まりなんだ。期末にゼロにリセットしないと新しい会計期間に入ったらすぐ儲かっていたり，損していることになっておかしいでしょ。このゼロにする作業をクロージングエントリーというんだけど，ここで出た最終差額の純利益（または純損失）も最後になくさないといけないんだ。そして，その最終利益をしまう場所は Equity の中にあるんだよ。Equity は右のクレジットがプラスのカテゴリーだったでしょ！　だから Profit for the year の数字を Retaid earnings が記録されるワークシートのバランスシートのクレジット側に移動しないとデビットとクレジットが合わないんだよ。」

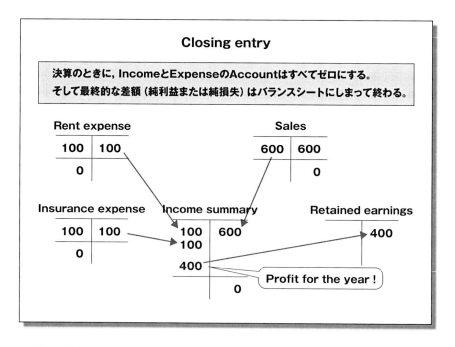

「上の図を見てごらん。エクスペンスやインカムの項目をゼロにするために，それぞれの反対側に同額を入れているのがわかるよね。そしてその分を

Income & Expense を要約する Income summary という特殊な決算勘定を使って集めているんだ。そしてここで出た差額が最終利益や最終損失になるんだけど，これもゼロにするために反対側に同額を入れ，その代わりに Equity の中にある Retained earnings（利益剰余金）に差額分をしまっておくんだよ。」

「さあ，Profit for the year をバランスシート欄のクレジットに移動したから，これでバランスするはずだよ。」

(€)

Account title	Trial balance		Adjustments		Income statement		Balance sheet	
	Dr.	Cr.	Dr.	Cr.	Dr.	Cr.	Dr.	Cr.
Cash	19,300						19,300	
Accounts receivable	500						500	
Prepaid rent	12,000			⊖1,000			11,000	
Computer	2,100						2,100	
Accounts payable		1,000						1,000
Unearned income		12,000	⊖1,000					11,000
Share capital		20,000						20,000
Sales		4,500				4,500		
Cost of sales	2,500				2,500			
Rent expense	1,000		1,000		2,000			
Utilities expense	100				100			
Consulting fee				1,000		1,000		
Salary expense			400		400			
Salary payable				400				400
Depreciation exp.			100		100			
Accumulated dep.				100				100
Profit for th year					400			400
Total	37,500	37,500	2,500	2,500	5,500	5,500	32,900	32,900

「本当だ，へえ……うまくできているんだね。」

「これでバランスシートを作るデータができあがったから，あとは体裁を整えればバランスシートを作ることができる。ワークシートはとてもシステマティックな仕組みになっているんだ。でも一度きちんと覚えれば，難しくはないんだよ。」

インカムステートメントを作るとき，Cost of sales を計算するやり方は2種類あります。

「ふーん。なるほどね……。よし，自分ひとりでもできるようにがんばってみるよ！」

「あ，そうだ。これから売上が伸びて，取引回数が増えたときのために，もうひとつ覚えなきゃいけないことがあったんだ！」

「ん。それは何？」

「それは Purchases（仕入費用）のアカウントを使った仕入処理の仕方と，このやり方で Cost of sales を計算する方法だよ。さっそくやってみよう！」

9 Cost of sales の計算法―1

「インカムステートメントを作るときに，Sales（売上）の次の項目として売れた商品の仕入値である Cost of sales（売上原価）を書くことは前にもいったよね。」

「うん。売上から売上原価を引くと Gross profit（売上総利益）が出て，このビジネスが成立しそうかどうかがわかるんでしょ？」

「そうそう，その Cost of sales の計算の仕方には実は2つの方法があるんだ。ひとつの方法は，今までやってきたように，売上が発生した時点で売れた分の Inventories を減らして Cost of sales を計上するやり方だよ。この方法の場合は Cost of sales は売れるつど計算されるので，そのままワークシートを作ればいいんだけど，もうひとつの方法は，年末にみんなで在庫の数を数えないと Cost of sales がわからないんだよ。」

「へえ，そうなんだ。じゃあ両方とも教えてよ。」

「じゃあ Perpetual inventory method（継続記録法）の復習からやってみよう。」（次ページ図表参照）

「この Perpetual inventory method は，商品を仕入れたら Inventories として資産計上し，売れるつど，売れた商品分の Inventories をクレジットで減らして，それをデビットに Cost of sales として計上していくやり方だったよね。だから，売上が発生するたびに売上原価も決まるので，いつでも簡易的なインカムステートメントが作れるんだ。ただ，このやり方は仕訳のたびに売れた商品分を計算して減らし，それを売上原価にするという仕訳をしなくてはならないので，安いものをたくさん売っているような店では手間がかかりすぎるんだよ。だから主に値段が高く，売れる回数も少ない商品を扱っている高級品店が使っているんだよ。」

「ふーん。もうひとつの方法はどんなやり方なの？」

「もうひとつの方法は，主に量販店や薄利多売の店が使うやり方だよ。

Perpetual inventory method
（継続記録法）

商品を仕入れたら商品として資産計上する会社の場合
→高級品や、1日の販売回数が少ない業種で使われる方法

 Dr. Inventories   100
   Cr. Accounts payable（or cash） 100
 Dr. Accounts receivable（or cash） 150
   Cr. Sales   150
 Dr. Cost of sales   100
   Cr. Inventories   100

10 ▎ Cost of sales の計算法―2

「もうひとつの方法である Periodic inventory method（期末棚卸法）では，仕入をしたら，"Inventories" に資産計上しないで，"Purchases"（仕入費用）という名前の Expense にしておくんだ。この方法では，売上が発生しても，そのつど売上原価の計算や仕訳はしないので，期の途中ではその時点でいくらが Cost of sales になっているかはわからない。とりあえず期末までは全部パーチェースという費用として記録しておくんだ。」

「で，いつになったら Cost of sales がわかるの？」

「それはね，最後にみんなで倉庫に行って期末在庫の実際の残高を数えてから決めるんだ。これを実地棚卸（Physical inventory）といって，寒い時期でも軍手とマスクを渡されて，ほこりっぽい倉庫で長い時間在庫商品の数を数えなくてはいけないので，経理部の人たちは大変恐れている年中行事なんだよ。」

「ふーん。大変そうだね……」

ここがポイント!! 期末棚卸法では，期首 Purchases（前期から繰り越された棚卸額）＋期中仕入分 Purchases －期末 Purchases 残高（期末棚卸で確定した在庫金額）＝ Cost of sales（売上原価）を計算します。

Periodic inventory method
（期末棚卸法）

量販店、薄利多売の店で使われる方法

＜仕入れた時＞
　Dr. Purchases　　　　　　　　　　　100
　　Cr. Accounts payable（or cash）　　　100

＜売れた時（今回は全部売れたとする）＞
　Dr. Accounts receivable（or cash）　150
　　Cr. Sales　　　　　　　　　　　　　150

＜再度仕入をして売れずに終わる。期末残高は 50＞
　Dr. Purchases　　　　　　　　　　　50
　　Cr. Accounts payable（or cash）　　　50

＜期首・期末の振替処理（期末のバランスシートに Purchases の期末残高を Inventories として資産計上し、期首にまた Purchases に戻す＞

＜期末処理＞
　Dr. Inventories（Ending）　　　　　50
　　Cr. Purchases（Ending）　　　　　　50

＜期首処理＞
　Dr. Purchases（Beginning）　　　　50
　　Cr. Inventories（Beginning）　　　　50

「そうやって苦労して数えてみると，仕入の伝票や帳簿に書かれている在庫の数と，実際にある在庫の数は合わないことが多いんだ。」

「なんで数が合わないの？」

「それはね。例えば食品を売っている会社の場合は，賞味期限が切れた在庫や汚れてしまった在庫を廃棄してしまうことがあるし，アルバイトがこっそり

食べてしまったり，お店で万引きされてしまうこともあるからだよ。」

「そうなんだ！　だから現実に残っている在庫数をわざわざ数える必要があるんだね。」

「そう，そして下の図のように差額で Cost of sales を計算するんだ。図を見てごらん。」

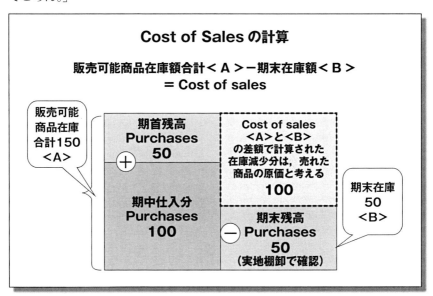

「このやり方では，まず新しい会計期間が始まったら，去年の年末にみんなで数えた在庫が期首の在庫として残っているから，これをパーチェスとしてインカムステートメントの費用勘定として記録し直すんだ。例えばこの図では50が期首の在庫だよね。期首の棚卸資産から費用勘定の仕入に振り替える仕訳は下のようになるよ。」

Jan. 1　Dr.Purchases　　　50
　　　　　Cr. Inventories　　　50

「そして期首在庫から振り替えた50に今年のパーチェス100を足すんだ。そうすると，今年売ろうと思ったら売れる在庫で Purchases として記録され

ている合計は，期首在庫と期中仕入額の合計で150あったことがわかるよね。」

「うん。」

「そうしたら，この150の合計額から，最後に数えた今年の期末在庫の仕入額50をマイナスするんだ。そうすると，期末時点で，仕入額が100減っていることがわかる。そこでこの100の在庫がなくなった分は，たぶん売れてなくなったのだろうと推測して，これを今年のCost of salesにするんだ。ずいぶんざっくりとした計算なので，なんだかいいかげんだと思うかもしれないけど，みんなが同じルールでやれば会社同士は比較できるからこれでいいんだよ。」

11 ▎ Cost of sales の計算法―3

「さて，実際の Cost of sales の計算では，もう少しいろいろな要素がからんでくるので，ここでしっかり押さえておこうね。」
「いろいろな要素ってどんなものがあるの？」
「仕入にかかった運賃や，仕入に対する値引き，仕入れたけど返品した分などを調整しなくてはいけないんだ。また，後払いで仕入れたときに，約束よりも早く現金を支払うと，少し支払金額を減らしてくれるような契約をする場合があるんだ。だからそれも考慮しなくちゃね。」
「ふーん。いろいろと複雑なんだね。」

Net purchases（純仕入額）の調整計算

Net Purchases =
Purchases
＋ Freight in / freight on purchases（仕入運賃）
－ Purchase allowance（仕入値引き）
－ Purchase returns（仕入戻しや返品分）
－ Purchase discount
　（約束より早く現金で支払ったので支払いが減った分）

「上の図に書いてある項目を調整していくんだけど，わかりにくそうなものはちょっと説明したほうがよさそうだね。」
「うん。Purchase allowance（仕入値引き）や Purchase returns（仕入戻しや返品分）はまあわかるけど，Freight-in という言葉は初めて見るし，Purchase discount もちょっとわかりにくいかな？」
「じゃあまず Freight-in から説明しよう。実は Freight-out という言葉もあるので，いっしょに覚えてしまおう！」

ここがポイント!! Freight-in は仕入費用に加算され，Cost of sales（売上原価）を増加させます。Freight-out は Distribution cost（Selling expense）にします。

Freight-in & Freight-out

- Vender 仕入先 → Freight-in 仕入運賃 → My company 私の会社 → Freight-out 発送費 → Customer お客さん
- 仕入費用が増額するので、Purchases の金額にプラスする
- 販売促進費として Distribution cost（Selling expense）にする

「上の図を見るとわかりやすいと思うんだけど，つまり仕入先から私の会社までにかかった運賃は Freight-in として仕入費用に加えるんだ。そして私の会社がお客さんのところまで商品を発送したときにかかった運賃を Freight-out といって，こっちは販売促進費になるんだよ。」

「へえ，名前は似てるのに，違う扱いになるんだね。」

「次に Purchase discount を見てみようか，Purchase discount は，支払いに関する契約条件によって発生する支払いの減額分のことなんだ。」

「どんな契約条件なの？」

「例えば本当は仕入の契約をしてから30日以内に現金で支払う約束をしている場合に，売り手から"10日以内に現金を支払ってくれれば2％まけてあげますよ。どうですか？"という条件が出されることがあるんだ。これは売り手

が早く現金を回収するために取る手段なんだけど，この条件を飲んで，10日以内に支払えば，2%分現金で支払う額が減るんだ。つまり仕入費用の額が減るということだよ。」

「うーん。なんでそんなに現金を早く回収したいのかな？」

「それは会社がキャッシュフローを血液として動いているからだよ。後もらいの売上がたくさんあっても，結局現金がなくては，他社への支払いも，新たな投資もできない。取りっぱぐれる可能性だってあるんだよ。だから多少損しても早く現金がほしいんだ。」

12 ∥ Cost of sales の計算法—4

```
                    Purchase discount
        2/10, n/30 (2% in 10 days, Net of 30 days)
    ① Purchase €100  ② Paid in 10 days  ③ Paid after 10 days

Gross method                      Net method
① Dr. Purchase      100          ① Dr. Purchase      98
     Cr. A/P            100            Cr. A/P            98
② Dr. A/P           100          ② Dr. A/P           98
     Cr. Cash            98            Cr. Cash            98
     Purchase discounts  2       ③ Dr. A/P           98
③ Dr. A/P           100             Purchase discount
     Cr. Cash           100              forfeited        2
                                       Cr. Cash           100
```

「実際の取引をどのように記録するか見てみよう。上の図をみると"2/10, n/30"と書いてあるよね。これは"トゥーパーセントインテンデイズ，ネットオブサーティデイズ"と読むんだ。意味は『本当の支払条件は30日後ですが，10日以内に現金で払ってくれたら2％まけてあげます』という意味なんだよ。」

「なるほどね。早く払うと得するわけだね。」

「そして記録の仕方も2種類あるんだ。グロスメソッドは，この値引条件を使わないときに記録するやり方だから，最初の仕訳のときに，値引きを考慮しない。だから後から早く支払ったときにクレジット側に差額が出てしまうんだ。これは仕入費用を減額する効果があるので Purchase discount として仕入費用からマイナスするんだよ。」

> パーチェースディスカウントは，割引契約条件の日程で支払えば支払額が減額されます。

「なるほど。それで仕入費用からマイナス調整するんだね。」

「逆にネットメソッドは，最初はこの値引条件を使おうと思って値引きも考慮した仕訳を入れたんだけど，実際には10日以上あとに支払ったケースだよ。このときは，少なめに計上していた支払義務に対して現金を多く払っているので，Purchase discount forfeited（仕入割引の取り消し）というアカウントを使って，エクスペンス処理するんだ。」

例題を解いて理解を深めてみよう。

例題 1

ABC Company sold merchandise to XYZ Company for €1,000 with discount terms of 5/10, n/25 on November 1, 2016. If XYZ pays on November 8, 2016, how much should it pay to ABC?

① €1,000
② €990
③ €995
④ €950
⑤ €800

〈答え ④〉

〈解説〉

ABCとXYZの契約条件は10日以内に支払えば5％まけてあげるという条件である。ABCは期限内の8日に支払っているので，ディスカウント条件が適用され，5％を割引して支払うことになる。

例題2

ABC Company sold merchandise to XYZ Company for €1,000 with discount terms of 5/10, n/25 on November 1, 2016. If XYZ Pays on November 20, 2016, how much should it pay to ABC?

① €1,000
② €990
③ €995
④ €950
⑤ €800

〈答え ①〉

〈解説〉

例題1と同じ状況でディスカウント条件内に支払わなかったケースなので、割引条件は適用されずに、全額の1,000ユーロを支払わなくてはならない。

13 ▎ Sales の計算法

「じゃあ，ついでに Sales の計算法も見ておこうか？」

Net sales（純売上高）の調整計算

Net sales =
Sales
― Sales allowance（売上値引き）
― Sales returns（売上戻りや返品）
― Sales discount（早く現金をもらえたので受け取り額をまけてあげた分）

Sales discount

2/10, n/30（2% in 10 days, Net of 30 days）

① Sold €100 ② Received in 10 days ③ Received after 10 days

Gross method			Net method		
① Dr. A/R	100		① Dr. A/R	98	
Cr. Sales		100	Cr. Sales		98
② Dr. Cash	98		② Dr. Cash	98	
Sales discounts	2		Cr. A/R		98
Cr. A/R		100	③ Dr. Cash	100	
③ Dr. Cash	100		Cr. A/R		98
Cr. A/R		100	Sales discount forfeited		2

期末棚卸法の Cost of sales は，とにかく次ページの図の要素を全部入れれば差額で計算されます。

「基本的には Purchases と同じような考え方で調整していくんだよ。Sales discount の場合は，ネットメソッドで相手が 10 日以内に支払ってこないときは Sales discount forfeited（売上割引の取り消し）というインカムアカウントで処理するようになるんだ。」（前ページの下の図参照）

さあ，例題を解いて，理解を深めてみよう。

例題

Determine the cost of goods sold based on the following information.

Beginning inventory	€500
Purchase during the year	€1,000
Purchase returns during the year	€100
Purchase allowance during the year	€50
Purchase discount during the year	€50
Freight-in	€200
Freight-out	€120
Inventory balance at year end	€800

① €500
② €600
③ €700
④ €800
⑤ €900

〈答え ③〉

<解説>

下の図にすべての要素を入れると、Cost of sales は自動的に差額で計算されます。

Freight-out は Distribution cost（Selling expense）なのでこの計算には入りません。

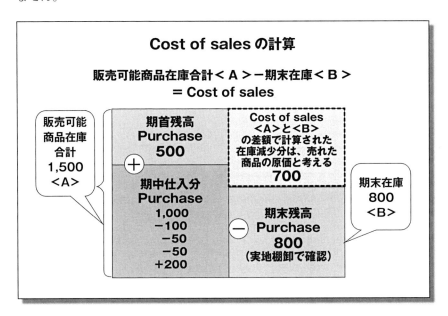

14 ワークシートの計算問題

「さあ,これでだいたいワークシートを作るための知識については説明したよ。」

「図を見ながらだったからだいたいわかったよ。もう自分ひとりでもできそうな感じがしてきちゃったりして……」

「それじゃあ,さっそく計算問題をやってみよう!」

「ええっ,軽い気持ちでいっただけなのに……。厳しいなあ……」

例題

The trial balance of ABC Company on December 31, 2016 is as follows:

ABC Company trial balance
December 31, 2016

(€)

	Dr.	Cr.
Cash	450	
Accounts receivable	300	
Inventories	100	
Equipment	600	
Accounts payable		120
Share capital		200
Retained earnings		100
Sales		7,550
Purchases	5,440	
Salary expense	600	
Rent expense	480	
Total	7,970	7,970

Additional Information for Adjusting entries :
1) Equipment was purchased at €600 on January 1,2016 with the useful life of 4 years and salvage value of €60. ABC uses the straight line method for depreciation.
2) Inventory balance on December 31, 2016 is €80
3) Salary expense incurred but not paid on December 31, 2016 is €20
Prepare ABC's Income statement and Balance sheet for year ended December 31, 2016.

「まず修正仕訳の処理をしよう。」
1)はディプリシエーションだね。ストレートラインの計算式を覚えてるかな？
2)は Cost of sales の計算と，期首，期末の Inventories と Purchases の振替仕訳処理，3)は未払費用の修正仕訳になるね。
ではまず，1) から定額法の減価償却計算の公式に数字を入れよう。
$(600 - 60) \times \frac{1}{4} = 135$ なので

Dr. Depreciation expense   135
 Cr. Accumulated depreciation   135

が修正仕訳として入るね。
2) は図の中にデータを全部入れると差額で 5,460 が Cost of sales となる。
仕訳はまず期首にバランスシートに計上されていた Inventory を期首の仕入費用として Purchases に振り替える仕訳を入れよう。

Dr. Purchases   100
 Cr. Inventories   100
（期首にバランスシートに計上されていた分）

そして期末の仕入残高（Purchases）をまたバランスシートに計上される Inventories に振り替えてバランスシートが作れるようにしよう。

今まで学んだことをきちんと順番に整理してワークシートのデータを作りましょう。

仕訳は

Dr. Inventories（期末計上分）　　80（期末のバランスシートに計上）
　　Cr. Purchases　　　　　　　　80

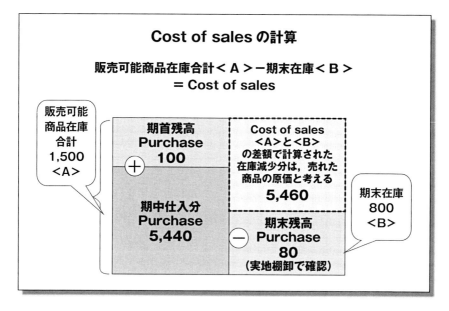

3)は未払費用の修正仕訳だから

Dr. Salary expense　　20
　　Cr. Salary payable　　　20

という修正仕訳が入るね。

このデータをワークシートに反映させてみよう。

15 ワークシートから財務諸表へ

(€)

Account title	Trial balance		Adjustments		Income statement		Balance sheet	
	Dr.	Cr.	Dr.	Cr.	Dr.	Cr.	Dr.	Cr.
Cash	450						450	
Accounts receivable	300						300	
Inventories	100		+80	−100			80	
Equipment	600						600	
Accounts payable		120						120
Share capital		200						200
Retained earnings		100						100
Sales		7,550				7,550		
Purchases (Cost of sales)	5,440		+100	−80	5,460			
Salary expense	600		+20		620			
Rent expense	480				480			
Depreciation expense			135		135			
Accumulated dep.				135				135
Salary payable				+20				20
Profit for the year (R/E)					855			855
Total	7,970	7,970	335	335	7,550	7,550	1,430	1,430

「修正仕訳の情報をワークシートに反映させると，上の図のようになるね。あとは，それぞれのデータを引きずっていくときに，デビットとデビット，クレジットとクレジットならプラスして，デビットとクレジットならマイナスするんだったよね。覚えてるかな？ あとは，最初の財務分析で勉強したように，カテゴリーごとに分けてきちんとそれぞれのアカウントを記入し，財務分析しやすいようにカテゴリーごとのそれぞれの合計を出せば出来上がりだよ。バランスシートであればアセットもライアビリティーズも1年以内に現金化したり

ここがポイント!!
ワークシートのデータが整理できたら、あとは読みやすいようにカテゴリーごとに合計を出したり、カテゴリーごとにタイトルをつけたりして決算書の出来上がりです。

返済したりする Current と1年より長く動かない Non current の大きく2つに分け、さらに純資産として Equity カテゴリーを設けてそれぞれのカテゴリーに各アカウントを整理していくんだ。

ABC Company

Income statement
December 31, 2016

(€)

Sales		7,550
Cost of sales		5,460
Gross profit		2,090
Operating expense		
Depreciation expense	135	
Salary expense	620	
Rent expense	480	
Total operating expense		1,235
Profit for the year		855

そしてインカムステートメントも段階的に計算していくんだよね。もしカテゴリーの分け方を忘れてしまったら、最初の財務分析に戻って、バランスシートやインカムステートメントがどんなかたちをしていたのかを復習してみてね。」

「インカムステートメントは、きちんと段階的に表題や合計が計算できているかな？ またバランスシートも、きちんとカテゴリーごとに表題や合計が出

せているかな？ 最後の締めは体裁が大事だから，きちんと整っているか確認してね。」

ABC Company

Balance sheet
December 31, 2016

(€)

Assets		Liabilities & Equity	
Current assets		Current liabilities	
Cash	450	Accounts payable	120
Accounts receivable	300	Salary payable	20
Inventories	80	Total Current liabilities	140
Total current assets	830	Equity	
Non current assets		Share capital	200
Equipment	600	Retained earnings	955
Accumulated dep.	135	Total Equity	1,155
Total Noncurrent assets	465		
Total assets	1,295	Total Liabilities & Equity	1,295

第9章
特殊仕訳帳（Specialized journals）

1 ┃ 特殊仕訳帳（Specialized journals）の役割とは？

「トムさん。財務諸表ができるまでの大まかな流れがわかったかな？」
「うん。まあだいたいわかった感じだね。」
「そう。それじゃあもう少し細かな管理をするためのやり方も勉強しておこうか？」
「細かな管理って？」
「それはね。取引回数がもっとも多い Cash をもらう・払う取引に，その次に多い On account の Sales, Purchases の取引を加えた4つの取引については，別に個別管理表を作って管理するほうがいろいろと便利なんだ。この4つの表をまとめて Specialized journals（特殊仕訳帳）というんだ。」
「個別管理表を使うと何が便利なの？」
「例えば On account の取引では，Accounts receivable や Accounts payable というのは合計金額であって，実際はA社やB社のような個別の会社との取引が積もったものなんだよ。個別管理にすれば，A社にあといくら Accounts receivable があるから支払いの督促をしなくちゃとか，B社にあといくら Accounts payable があるから支払いの現金を用意しなくちゃというかたちで，実務的に今どの会社に対して何をすべきかがわかるので便利なんだよ。」
「ああ，確かに……まとめていくらってなっていると，誰にいくら払うとか，

> Specialized journals を使うと，集中管理ができ，仕訳が月末1回で済む。

誰からいくらもらうとかっていうのは，わからなくなっちゃうよね。」

「そうそう。そして現金の取引の場合には，集中管理しておけば，無駄遣いや入金漏れが防げるよね。そして個別管理表を使って一番いいことは，仕訳を切る回数が月末1回になるので楽だということだよ。」

「それはどういうこと？」

「それは図を見ながら説明したほうがよさそうだね。」

「例えば，現金が入金する取引であれば，すべてデビットにCashが記録される取引ということがわかっているので，管理表の中では，クレジットに何を記録するのかだけを書いていけばいいよね。そして月末に1回だけ合計額をCashに入れるんだ。」

「なるほどね。いちいち仕訳を切らなくても，月末1回で済むんだね。」

Specialized journals

Cash が入ってきたら（実際に現金の入金があったら）
● Cash receipt journal
Dr. Cash　×××はもう決まっている
　　Cr. ○○○　×××

Cash が出ていったら（実際に現金の出金があったら）
● Cash payment journal
Dr. ○○○　×××
　　Cr. Cash　×××はもう決まっている

「同様に，On Account の取引でも，Sales ならクレジット Sales はわかっているのだからデビットの顧客名（誰に売ったのか）と金額だけを記録し，月末に 1 回だけ合計額を Sales に転記すればいいよね。実際の表を見てみるとよくわかると思うよ。」

Specialized journals

掛売り（あとから現金をもらう）取引は…
- Sales journal

Dr. Customer name　×××
　　Cr. Sales　　　　×××

はもう決まっている

掛け買い（あとから現金を払う取引）は…
- Purchase journal

Dr. Purchase　×××はもう決まっている
　　Cr. Customer name　×××

上記以外は
- General journal に記録する。

2 Specialized journal のサンプル1—Sales, Purchase

「まず Sales journal から見てみよう。これは On account の Sales だけを管理する表なんだよ。だから"On account sales journal"と覚えておくといいよ。なぜかといえば現金の Sales を Sales journal に記録するミスを防ぐためだよ。現金売上は Cash receipt jounrnal に書くことになっているので,二重計上するミスがなくなるんだ。」

Sales journal

Jan. 3 Sold to A Company.
　　on account, merchandise €150
Jan. 10 Sold to B Company.
　　on account, merchandise €200
Jan. 22 Sold to C Company.
　　on account, merchandise €375

Sales(Cr.)Journal　S1

Date	Account Cr.	Exp.	P.R.	Amount	total
Jan. 3	A Company	a/c	(21)	150	
Jan. 10	B Company	a/c	(31)	200	
Jan. 22	C Company	a/c	(41)	375	
Jan. 31	Sales, Cr.		(10)		725

Sales(10)

Date	Exp.	P.R.	Amount	Date	Exp.	P.R.	Amount
				Jan. 31		S1	725

A Company(21)

Date	Exp.	P.R.	Amount	Date	Exp.	P.R.	Amount
Jan. 3		S1	150				

B Company(31)

Date	Exp.	P.R.	Amount	Date	Exp.	P.R.	Amount
Jan. 10		S1	200				

C Company(41)

Date	Exp.	P.R.	Amount	Date	Exp.	P.R.	Amount
Jan. 22		S1	375				

☆4つの表に共通しているひもつきにするために番号を記入する欄は P.R.（Posting Reference）と呼ばれ「転記参照」という意味です。

「例を見てみよう。ここでは3つの取引があって,A,B,Cの3つの会社に対して Accounts receivable を持っているので,それぞれの取引を Sales journal に書くとともに,A カンパニー,B カンパニー,C カンパニー用のそれぞれの個別管理表にも記録するんだ。そして月末に1回だけこれらの取引の合計金額を Accounts receivable の今月の合計金額として仕訳を切って Sales

第9章　特殊仕訳帳（Specialized journals）　195

Special journalでは，後で確認できるように，表番号それぞれの顧客別管理表の取引同士を関連づけておく。

に転記するんだよ。Sales journalの記入の仕方には2つのポイントがあって，ひとつはこの表に書かれる取引はすべてクレジットにSalesが記録されることがわかりきっているのでSales側はいちいち書かないで，クレジットの顧客名だけを書いていくこと。そしてもうひとつは，それぞれの顧客別の管理表には番号が振ってあるから，その番号を二重記録するそれぞれの取引に書いて，Sales journalと各顧客別管理表のそれぞれの取引情報をつないでひもつきにするということだよ。」

「ひもつきにするってどういうこと？」

「あとで確認できるように番号で表同士のそれぞれの取引を関連づけられるようにするっていうことだよ。」

「なるほど。2つの表の取引が，番号で関連づくようになっているんだね。」

「次のPurchase journalは，On accountのPurchaseだけを記録する表で，現金の仕入は現金を支払っているからCash payment journalに記録するんだ。デビットにPurchaseが記録されることはもうわかっているからいちいち書かずに，クレジット側に誰から仕入れたかという顧客名と金額だけを書いていくんだ。」

Purchase journal

Feb. 2 Bought from X Company.
　　　on account, merchandise $100
Feb. 11 Bought from Y Company.
　　　on account, merchandise $150
Feb. 20 Bought from Z Company.
　　　on account, merchandise $200

Purchase (Dr.) journal　P1

Date	Account Cr.	Exp.	P.R.	Amount	Total
Feb. 2	X Company	a/c	(51)	100	
Feb. 11	Y Company	a/c	(61)	150	
Feb. 20	Z Company	a/c	(71)	200	
Feb. 28	Purchase, Dr.		(11)		450

Purchase (11)

Date	Exp.	P.R.	Amount	Date	Exp.	P.R.	Amount
Feb. 28		P1	450				

X Company (51)

Date	Exp.	P.R.	Amount	Date	Exp.	P.R.	Amount
				Feb. 2		P1	100

Y Company (61)

Date	Exp.	P.R.	Amount	Date	Exp.	P.R.	Amount
				Feb. 11		P1	150

Z Company (71)

Date	Exp.	P.R.	Amount	Date	Exp.	P.R.	Amount
				Feb. 20		P1	200

「この例題でも，3つの取引があるけど，それぞれの取引をPurchase journalと企業名ごとの個別管理表に二重記録した上で，表番号で関連づけしているよね。そして月末に1回だけ合計額をPurchasesに入れるんだよ。」

3 Special journal のサンプル２ —Cash receipt, Cash payment

「現金の受け取りだけを書く Cash receipt journal も，現金の支払いだけを書く Cash payment journal も，基本的な記録の仕方は同じなんだ。サンプルを見て確認してみよう。」

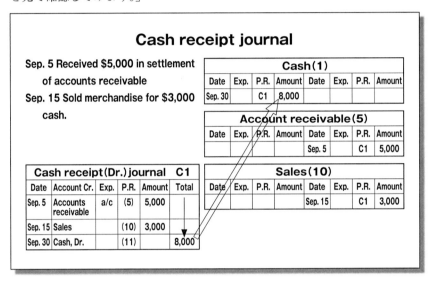

「まず Cash receipt journal から見てみよう。ここでは，Accounts receivable からの入金と，現金売上からの入金の２つの例が出ているね。あ，そうそう On account に関連した取引を記録するときには説明書きのところに "a/c" と書いてわかるようにするんだよ。そしてまたお互いの表の数字を書いてひもつきにした上で，月末に合計額を１回だけ Cash に転記するんだ。」

「次の Cash payment journal も基本的には同じ作り方だよ。ここでは，Accounts payable への出金と，家賃の現金支払いの２つの例が出ているね。そしてまたお互いの表の数字を書いてひもつきにした上で，月末に合計額を１回だけ Cash に転記するんだ。」

「Special journal に記録しない取引はどうするの？」

Specialized journal に書かない取引は General journal にきちんと仕訳を切って書きます。

Cash payment journal

May. 10 Paid €3,000 in a settlement of accounts payable
May. 20 Paid rent expense for €1,000 cash.

Cash (1)

Date	Exp.	P.R.	Amount	Date	Exp.	P.R.	Amount
				May. 31		C2	4,000

A Company (21)

Date	Exp.	P.R.	Amount	Date	Exp.	P.R.	Amount
May. 10		C2	150				

B Company (31)

Date	Exp.	P.R.	Amount	Date	Exp.	P.R.	Amount
May. 20		C2	200				

Cash payment (Cr.) journal   C2

Date	Account Cr.	Exp.	P.R.	Amount	Total
May. 10	Accounts payable	a/c	(8)	3,000	
May. 20	Rent expense		(15)	1,000	
May. 31	Cash, Cr.		(1)		4,000

「Specialized Journal に書かない取引は General journal にきちんと仕訳を切って書くんだよ。」

第10章
その他のトピックス（Other topics）

1 その他の項目 1―Dividends（配当金）

「さあ，もうひととおりのことは学んできたから，あとは細かい項目や今時の話題，少し上級レベルにいくための基礎知識を学んでこの入門レベルは修了だよ。」

「ああ，やっと終わるんだ。いやー久しぶりに勉強したなあ……」

「て，いうかまだ終わってないでしょ。ここからは細かい項目が多いから，次々に新しい項目が出てくるので，しっかりひとつずつ理解してね。」

＜ Dividends（配当金）の記録の仕方について ＞

「まず最初の項目は Dividends（配当金）の記録の仕方だよ。」

「配当金は Retaind earnings（利益剰余金）から払われるんだよね。」

「お，よく覚えているね。そうそう。ここでは配当金を支払うと決めてから，実際に払われるまでの仕訳を見てみよう。」

「まず配当金が払われるまでには3つの重要な日があるんだ。最初は配当を払うことを役員会が決めた日。そして次はどの株主に配当を払うかを決める日，最後は実際に配当金を現金で支払う日だよ。」

「それぞれ仕訳を入れるの？」

「いや，仕訳を入れるのは，配当することを役員会が決めた日と，最後の現金で配当を払う日の2回だけだよ。」

配当金の仕訳処理は，支払うと決めた日と実際に現金を支払う日の2回です。

Dividends - dates

Dividends have three significant dates associated with them : -
a) **Date of declare** : - the board of directors decides to pay a dividend
b) **Date of record** : - registered shareholders on this date will receive a dividend
c) **Date of payment** : - payment of the dividend is made

Dividends – accounting entries

a) **Date of declare** : -
   Dr. Retained earnings   xxx
       Cr. Dividends payable   xxx
b) **Date of record** : - no entries made
c) **Date of payment** : -
   Dr. Dividends payable   xxx
       Cr. Cash   xxx

「ふーん。最初の配当を支払うと役員会が決めた日には，もう Retaind earnings を減らして Dividends payable という配当金を支払うためのライアビリティーズにしてしまうんだね。」

「そう。きちんと配当金分を取り置いておかないと使ってしまうでしょ。これは約束事なので，払うといったらきちんと払わなくてはいけないので会社の負債として記録することになっているんだよ。」

2 その他の項目2—Petty cash（小口現金），Interest bearing notes（利付き手形）

＜小口現金の仕訳処理＞

「次は小口現金（Petty cash）の仕訳処理を見てみよう。」

「Petty cash って何？」

「アメリカでは，基本的に取引では現金は使わずに小切手（Check）を使うことが一般的なんだ。でも日常のこまごまとした支払いにはどうしても Cash が必要なので，ある一定額を用意しておいて，そこから支払いをし，足りなくなったら月末に一定額まで補充して戻すという仕組みで現金を管理しているんだよ。」

「ふーん。いつも一定額が準備されていれば便利だね。」

「そう，これを Imprest petty cash system（定額補充法）というんだ。仕訳も月末にまとめて切るんだよ。」

「月末にまとめて処理するなら手間がなくていいよね。」

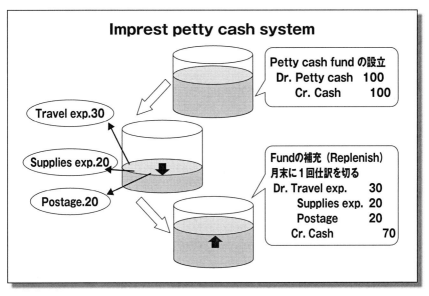

小口現金の管理では定額補充法で月末に一定額に戻すやり方が主流です。

＜利息の計算（利付き受取手形のケース）＞

「次は利息の計算をしてみよう。アメリカの手形は基本的に利息がつく手形が多いんだ。これを Interest bearing notes（利付き手形）というんだけど，例題を使って利息の計算をしてみよう。」

Interest calculation

手形は Written promise。基本的に利息がつく（Interest bearing notes）
1年を超える手形は原則 Present value で表示するが，1年未満なら
Face value（額面価値）で表示する。

利息の計算：
Interest=
Face value(額面金額)× Stated rate ×満期までの日数÷360（1年は 360 で計算）
例：Face value(額面金額)　$1,000
　　Stated rate(表面利率)　8%
　Number of Days to maturity　90日
　1,000×8%×90÷360＝$20

```
仕訳（受取時）：
  Dr. N/R            1,000
    Cr. Cash                1,000
（満期時）
  Dr. Cash           1,020
    Cr. N/R                 1,000
    Interest income            20
（会計期間内に満期が来ない時）
  Dr. Interest receivable    XXX
    Cr. Interest income            XXX
Note の発行日から期末までの利息を上記仕訳で計上しておく
```

「例題を見ると，まず手形の額面（紙に書いてある数字）に利息（年利）の率を掛けて，それを360日で割った上で手元に持っている日数を掛けているね。利息はこのようにして計算するんだよ。」

「年利は1年分の利息が出ちゃうから，それを日割りしているんだね。ところで1年を超える満期の場合はPresent valueって書いてあるけど，これはどういうこと？」

「Present valueは現在価値という意味だよ。本当は上のレベルで勉強するんだけど，ちょっとさわりだけ勉強してみようか。」

3 その他の項目 3—現在価値（Present value）

＜現在価値の考え方＞

「ここでは基本的なところだけを覗いてみよう。まずこの現在価値の概念は，『利息を考慮している』ということなんだ。つまり，利息がゼロであれば，インフレやデフレを無視すれば，今の 100 ユーロは 2 年後も 100 ユーロのままだけど，10％の利息がつくのであれば，2 年後には今より増えていることになるよね。例えば 10％の利息が複利でつけば，2 年後には 121 ユーロになるんだ。」

「利息っていいよね〜」

「そうそう，そして，今から見て将来の利息がついた姿を『将来価値』といい，逆に利息のついた将来の姿から，じゃあもともとはいくらだったのかとい

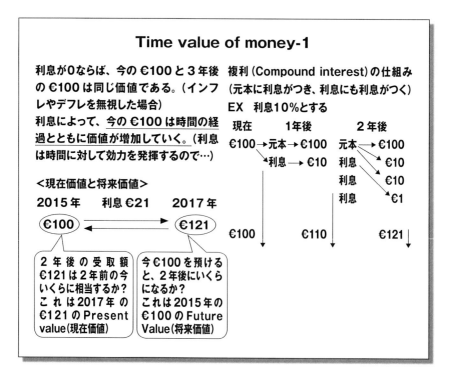

現在価値の考え方は,マネージャーの投資の判断材料として意思決定に役立っています。

う利息のつかない元本の状態を計算で割り出したものが『現在価値』なんだ。そのときに,利息は一般的に複利でつくので,どんどん増えていくんだよ。」
「複利だとなんで増えるのが早いの？」
「それはね。複利だと利息からまた利息が生まれるからだよ。」

Time value of money-2

●将来価値（Future Value）の計算
　元本×（1＋利息）^{n}　　n＝利息がつく回数
　元本€1,000、年利5％、3年満期の将来価値は
　1,000×1.05×1.05×1.05＝1,157.6

●現在価値（Present Value）の計算
　元本÷（1＋利息）^{n}　　n＝利息がつく回数
　将来価値が€1,000、年利5％、3年満期
　の現在価値
　1,000÷1.05÷1.05÷1.05＝863.8

「実際の計算は,上の図のようにして,元本を（1＋利息）で割ると1年前の現在価値が計算できるし,元本に（1＋利息）を掛けると1年後の将来価値が計算できるんだ。なぜ現在価値を計算するかというと,アメリカのマネージャーは,金融で儲けることもビジネスの一手段だと考えているからなんだ。10％の金利がつく国債があったら,リスクが高く3％や5％しか儲からないビジネスプランより,魅力的だよね。だから投資も含めたプランを現在価値で割り戻した上で,リスクを考慮してどれにするかを決めるんだよ。」

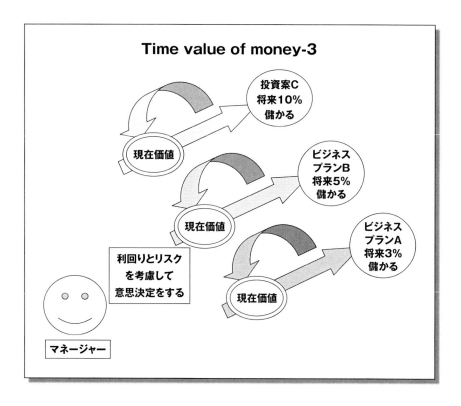

4 その他の項目4―内部統制（Internal control）

<内部統制の強化はこれからの課題>

「世界的に企業の不祥事が増えてから厳しくなった内部統制（Internal control）も学んでおこう！」

「内部統制って何？」

「不正が起きないようにするための仕組み作りのことだよ。例えば，現金を受け取る人と，現金の入金を記録する人が同じだったら，お金をもらってポケットに入れて記録しないという不正が起きやすいよね。このような不正を防ぐためにはお互いにチェックが効くように職務を分離しなくてはいけないということなんだ。」

Internal control

Internal control
① **Segregation of duty**（職務の分離）
　Record（記録）
　Custody（保管）
　Authorization（承認）

② **Inventories　recording**
　Periodicと**Perpetual**を併用するとより正確になる

「そして，現金を扱うとどうしても不正が起きやすいので，現金ではなく小切手での支払いにすべて切り替えることも必要なんだ。これをバウチャーシステムといって，支払確認書であるバウチャーに，注文書（Order）や受領書（Receiving report），請求書（Invoice），領収書（Receipt）などの確認書類を添付したものを，手続きに使うんだ。支払いが済んだら"Paid"というマークをつけて，番号でファイルするんだよ。」

不正が起きないようにするためには職務の分離が必要です。

Voucher system
① 全ての支払いに対してバウチャーが作られる
② バウチャーには連続番号が振られる
③ バウチャーには仕入先、支払条件、仕入内容など必要項目が記載される
④ バウチャーを払う場合には支払責任者の承認が必ず必要である。
⑤ Purchase journal を廃止して代わりに Voucher register を設ける
⑥ Cash payment journal を廃止して代わりに Check register を設ける

「うーん。不正が起きやすい会社は要注意ってことだね。」

「そうそう。アメリカでエンロンという大きな会社が監査法人もグルになった不正取引によってつぶれたので，監査法人を監視するような法律も新しくできて，より不正に対する姿勢は厳しくなっているんだよ。」

「日本でも不正取引がばれて大変なことになっている会社がよく出てくるよね。」

「アメリカでは2002年にサーベンスオクスレー法という厳しい法律ができて，経営者や監査人はより誠実にビジネスを行わないと大変な罰が与えられることになったんだ。日本でも大企業の会計不正が大きな話題になったので今後も注目していくべきテーマだよね。」

Sarbanes-Oxley Act 2002

・2002年7月20日に成立した企業会計・監査・コーポレートガバナンス等を抜本的に改革するための法律

＜主な具体的内容＞
1. CEO，CFO等の責任の強化
2. 企業の内部統制の拡充
3. 公開会社会計監視委員会（PCAOB）の設置（監査法人の監視機構）
4. 監査法人の独立性の強化
5. ディスクロージャー制度の強化
6. 証券アナリストの利益相反の排除
7. 刑事罰の強化

5 その他の項目 5―現金及び現金同等物（Cash & cash equivalent）の定義

日本の会計基準でバランスシートに計上される「現金預金（Cash & Deposit）と国際的な会計ルールで考えられている「現金及び現金同等物（Cash & cash equivalent）」の範囲は少し違っています。

国際的な現金及び現金同等物（Cash & cash equivalent）の定義は，"Free & Clear" および "Original maturities of 3 months or less" という 2 つのキーワードで覚えてください。

このキーワードの意味は，「自由に使える」「何の権利制限もない」Cash および Cash と同等の役割をする，3 カ月以内に決済されることが最初の時点で決められている金融資産だけを，このカテゴリーに記録するという意味です。

Cash & cash equivalent-1

・Cash & cash equivalent になる条件

① そのお金は Free & Clear か？
② Original maturities of 3 months or less を満たしているか？

つまり自由に使えて，何の拘束力もついていない現金と，投資開始時点で 3 カ月以内に決済満期を迎えることが明確な金融手段が「現金及び現金同等物」となります。

Cash & cash equivalent になる条件は以下の2点です。
① そのお金は Free & Clear か？
② Original maturities of 3 months or less を満たしているか？

Cash & cash equivalent-2

Balance sheet の Cash& cash equivalent に含まれる項目		B/S の Cash に含まれない項目
Cash（狭義）	Cash equivalent	Legally restricted cash Bond sinking fund cash Compensating cash balance 満期日が3ヵ月超の短期投資
Cash on hand Saving and Checking accounts Petty cash Personal checks	Treasury bills（TB） Commercial paper MMF（短期投資信託） 満期が3ヵ月以内で制限のないもの （3ヵ月超は Short term Investment）	

　まず，現金（Cash）となるものは，Cash on hand（手持ち現金），Saving account（普通預金），Checking accounts（当座預金），Petty cash（小口現金），Personal checks（小切手），Money order（為替証書）などで，ここまでは日本と同様ですが，現金同等物という部分が少し違っています。

　つまり自由に使えて何の拘束力もついていない現金と，3カ月以内に満期を迎える金融手段が，現金及び現金同等物として記録されます。

　現金同等物（Cash equivqlent）Treasury Bill は，米国財務省証券のことで，要するにアメリカの短期国債です。Commercial paper（商業証券）は，企業が取引上の短期の支払いなどに使うもので，MMF は短期の投資信託のことです。証券や証書の券面に書かれている満期期日が発効日から3カ月を超えるものは，短期投資（Short term investment になりますので，注意しましょう。

一方，Legally restricted cash（法的に使用方法などが拘束されている現金）や Bond sinking fund cash（減債基金：社債元本の返済のために積み立てている現金），Compensating cash balance（借入金の見合い分として金融機関に預けてある現金）などは，"Free & Clear" ではないので現金及び現金同等物としては扱いません。

例題で理解を深めましょう。

例題

Which of the following is classified as cash and cash equivalent?
① Legally restricted deposit for redemption of bonds.
② Time deposit with the maturity of four months from the purchase date.
③ Money market funds with the maturity of two months from its original issuance.
④ Bond sinking fund Cash
⑤ Compensating Cash Balance

<答え ③>

<解説>

現金及び現金同等物の条件は，①そのお金は Free & Clear か？ ②Original maturities of 3 months or less を満たしているか？ なので③のみが当てはまります。

6 その他の項目6―銀行勘定調整表(Bank reconciliation)

　さて，次に銀行勘定調整表による，帳簿残高と銀行口座残高の調整に移りましょう。外資系の銀行では通帳の代わりにバンクステートメントという口座残高の確認書を毎月1回送ってきます。

　しかし，いくつかの理由により，このバンクステートメントに書かれているCashと会社の帳簿に書かれているCashが合わないことがしばしばあります。Accountantは，この差異を毎月調整しておかなければなりません。これがBank reconciliation（銀行勘定調整）です。

　では，銀行が送ってくるバンクステートメント側で修正すべき内容を学びましょう。まず，いわゆる銀行側のミスによる間違いがある場合，事実より少なく記録されていればプラスで調整し，事実より多く記録されていればマイナスで調整します。

```
Cash & cash equivalent-3

・Bank reconciliation
Balance per bank            €XXX
+：Deposit in transit    XXX
    Bank errors（過小記録） XXX （+）XXX
−：Outstanding check    XXX
    Bank errors（過大記録） XXX （−）XXX
Correct cash balance              XXX
```

　Bank statementに加えるべき代表的な調整項目は，"Deposit in transit"です。このような差が出るケースについて見てみましょう。

　私の会社は銀行口座に入金しようと思い，小切手を書いて帳簿にプラスで記録したのちに銀行へ発送しました。しかし月末の口座残高を締める日までには銀行に届かなかったので，銀行の担当者はこの入金の事実を知らぬまま残高証

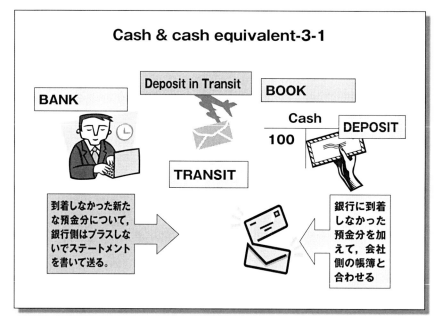

明書を書きました。そうすると送られてきた残高証明書には，この入金が含まれておらず，帳簿と差が出てしまいます。したがって，この調整のためには Bank statement に入金分をプラスしなくはいけません。上の図でイメージをつかんでください。

次に，Bank statement からマイナスすべき代表的な調整項目"Out standing check"についてそのケースを見てみましょう。

私の会社は，今月分の給与として社員に小切手を書いて支払い，帳簿からマイナスしました。しかし社員は風邪をひいてしまい月末の口座残高を締める日までに銀行に行きませんでした。銀行の担当者はこの支払いの事実を知らぬまま残高証明書を書きましたので，送られてきた残高証明書には，この支払い分が含まれておらず，帳簿と差が出てしまいます。この調整のためには Bank statement から支払分をマイナスしなくてはいけません。次ページの図でイメージをつかんでください。

第 10 章　その他のトピックス（Other topics）　215

Bank statement で調整をする代表項目は 2 つ。
Deposit in transit はプラスして調整。
Out standing check は，マイナスにして調整。

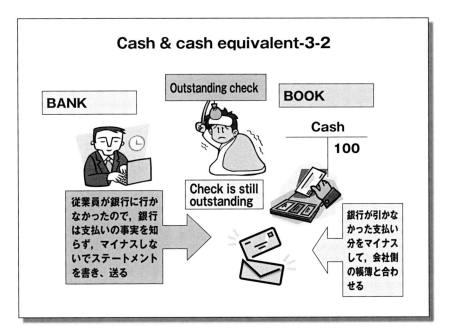

　今度は帳簿（Book）側での調整項目について見ていきましょう。

　こちらでもいわゆる経理担当者のミスによる間違いがある場合，事実より少なく記録されていればプラスで調整し，事実より多く記録されていればマイナスで調整します。

　そして，Book にプラスすべき代表的な調整項目は，Note collection（手形の現金回収）です。これは現金回収目的で銀行に送っておいた手形に対して，銀行が現金を回収してくれた場合に出る差額です。このような現金回収の事実は，Statement が送られてくるまで私の会社ではわかりませんので，Book にプラスして調整します。

```
┌─────────────────────────────────────────────┐
│         Cash & cash equivalent-4            │
│  ・Bank reconciliation                       │
│  Balance per book                    $XXX   │
│  ＋：Note collection            XXX          │
│      Interest earned            XXX          │
│      Depositor error（過小記録） XXX （＋）XXX │
│  －：Bank service charges       XXX          │
│      NSF checks                 XXX          │
│      Depositor error（過大記録） XXX （－）XXX │
│  Correct cash balance                 XXX   │
└─────────────────────────────────────────────┘
```

　同様に，利息の受け取りについても Statement が来て初めて知ることですので Book にプラスして調整します（日本の銀行でも通帳記入するまでは利息がいくらついているのかわかりませんよね）。

　そして，マイナス調整する項目の1つ目は，銀行手数料（Bank service charges）です。これも日本でも通帳記入するまではわかりません。記帳して初めて「ああこんなに取られている」とわかるものですので，マイナス調整します。

　そして，マイナス調整の2つ目は NSF check です。これは"Not Sufficient Fund check"の略語で，「支払ってくれるはずだった取引相手の銀行口座にお金がなくて，支払不能で小切手が戻ってきたということ」です。

　この場合，最初に取引先から受け取った小切手を銀行に送ったとき，もう現金回収できるものと思って，私は帳簿（Book）にプラスしてしまっています。しかし，現実は回収できずに小切手が戻ってきてしまいましたので，仕方なくまた帳簿からマイナスしておくのです。次ページの図でイメージを固めましょう。

第 10 章　その他のトピックス（Other topics）　217

Bookで調整をする代表項目は4つ。
Note collection と Interest earned はプラスで調整。
NSF check と Bank service charges はマイナスで調整。

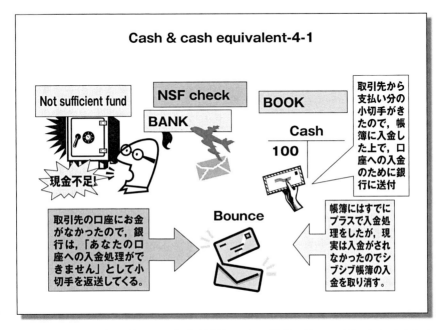

　それではここまで習ったことを理解しやすい言葉で次ページにまとめましたので，よく読んだ上で例題を解き，理解を深めてください。

Cash & cash equivalent-5

Bank reconciliation 項目のお手軽な理解法

① **Deposit in transit**（私の預金はまだ銀行に届いていません。銀行は私が Book にプラスしたことを知らないので Bank statement にも預金分をプラスしないで送ってきました。これを調整するために Bank にプラスします。）

② **Outstanding check**（私が他人に渡した支払小切手はまだ銀行に持ち込まれていません。銀行はまだ知りませんので Bank statement からマイナスしないまま送ってきました。私はもう払ったつもりで Book からマイナスしてありますので，調整するために Bank からもマイナスします。）

③ **NSF Checks**（私は銀行に受取小切手を渡したときに，もうお金が回収されて入金されるものと思い，私の Book にプラスしました。しかし，相手の口座にお金がなかったので取立不能で受取小切手が戻ってきてしまいました。私は Book にすでにプラスしておいた分を取り消すためにシブシブ自分の Book からマイナス処理をして元に戻します。

例題

The following information is available regarding XYZ company's cash account on December 31,2016.

Balance per bank statement on December 31, 2016 €1,800

Balance per book on December 31, 2016 €1,900

Outstanding check on December 31, 2016 €200

Deposit in Transit on December 31, 2016 €100

NSF check on December 31, 2016 €200

On December 31, 2016, XYZ's correct cash balance is:

> 銀行勘定調整表（Bank reconciliation）では，私たちの帳簿（Book）と銀行から送られてくる口座残高証明書で数字が異なっている項目を調整します。調整すべき項目とその内容について，Book側とBank側に整理して理解しておきましょう。

① €1,800
② €1,700
③ €1,900
④ €1,600
⑤ €1,500

〈答え ②〉

〈解説〉

Bankから調整する場合　1,800 + 100 − 200 = 1,700

Bookから調整する場合　1,900 − 200 = 1,700

どちらで調整をしても最後は同じ金額になります。

7 その他の項目7―会計公準(Accounting assumptions)と会計原則(Accounting principle)

入門レベルの最後に会計の基本的な考え方の前提（公準）と会計原則について説明しましょう。

＜代表的な会計公準＞

1．Going concern assumption（継続企業の公準）

ゴーイングコンサーンというのは，会計では「企業はずっと存在し続ける」ということを前提にしているということです。ずっと存続するという前提なので，1年ごとのような決まった期間で決算書を連続的に作って，株主や債権者に報告する必要が出てくるのです。逆にずっと存続しない，例えば2年後に解散することを決定している場合なら，毎年決算書をつくる必要はなく2年後の解散時に，まず借金を返し，残ったお金や資産を株主や経営者たちが分ければそれで済むということです。会計では基本的にどの会社もずっと存続すると考えているので，定期的に決算報告をさせているのです。仮にある企業がこれ以上の存続は難しいということになれば，決算書で「これ以上のゴーイングコンサーンが難しい」と報告しなくてはならない義務があります。

2．Monetary unit assumption（貨幣的評価の公準）

これは，決算書を作るときには各企業が勝手に独自で考えた価値の基準ではなく，誰もがわかる共通単位である貨幣で計算した数字を使いましょうということです。

3．Economic entity assumption（企業実体の公準）

これは，会社自体に経済的な実体があると考えて，例えば1人でやっている会社でも経営者個人の財布と会社の財布は分けて決算書を作りましょうということです。

＜代表的な会計原則＞

1．Revenue recognition principle（収益認識の原則）

「収益は，現金授受のタイミングではなく商品渡し済み，サービス提供済みの時点で認識する」という原則です。

2．Matching principle（費用収益対応の原則）

「収益を生み出すために使った費用は，結果となった収益と同じタイミングで認識する」という原則です。これにより，行っているビジネスが収益－費用＝利益を生んでいるかどうかがはっきりするからです。

「どう？　会計の基本的な前提やルールについて理解できた？」

「ふーん。いろいろなルールがあるんだね。」

「会計情報はいろいろな判断に使われるから，きちんとした前提を作っておかないと，都合のいい解釈を使ってしまう会社が出てくるんだよ。でもトムさんも飽きっぽいわりにはよく勉強したじゃない。」

「うん。すごく頭がよくなった気がするよ。これでもう完璧だね。」

「またすぐ調子に乗る……。会計は反復トレーニングで自然と使えるようになるまでが大事なんだよ。よし，今日から毎日問題を解いて，1問解くごとに腹筋10回，そしてまた1問解いたら腕立て伏せを10回することにしよう！」

「はあ？　全然意味わかんないんですけど？」

「要するに毎日のトレーニングが大事だってことだよ。さあ，明日から毎日びしびしやるからね！」

8 ▌ 練習問題（Excersise）

問題1

Mr. Tom founded XYZ Company by investing €10,000 and at the same time XYZ issued the equivalent common stock. Which of the following journal entry is correct for XYZ ?

① Dr. Investment　　　　10,000
　　Cr. Cash　　　　　　　　　　10,000
② Dr. Cash　　　　　　　10,000
　　Cr. Bond payable　　　　　　10,000
③ Dr. Sales　　　　　　　10,000
　　Cr. Cash　　　　　　　　　　10,000
④ Dr. Cash　　　　　　　10,000
　　Cr. Share capital　　　　　　10,000
⑤ Dr. Account receivable　10,000
　　Cr. Share capital　　　　　　10,000

（答え　④）

解説：問題では，XYZカンパニーが10,000ユーロを株式発行で集め，これを投資して会社を始めたといっているので，デビットにはキャッシュを記録し，クレジットには純資産の部の代表項目であるシェアキャピタル（普通株式）を記録します。

問題2

ABC Company has assets of €50,000 and equity of €25,000.
What is the amount of ABC's liabilities?

① 25,000

② 30,000

③ 35,000

④ 20,000

⑤ 28,000

(答え　①)

解説：A = L + E の関係において Assets が 50,000 ユーロ，Equity が 25,000 ユーロとなっているので，Liabilities は差額で 25,000 ユーロとなります。

問題 3

A Income statement shows the company's :

① Cash flows

② Management abilities

③ Financial position

④ Result of operation

⑤ Fair market value

(答え　④)

解説：インカムステートメントは，その会社の業績結果を示しています。

問題 4

A Balance sheet shows the company's :

① Cash flows

② Management abilities

③ Financial position

④ Result of operation

⑤ Fair market value

(答え　③)

解説：バランスシートは，その会社の財務状態を示しています。

問題 5

A Cash flow statement shows the company's :
① Cash flows
② Management abilities
③ Financial position
④ Result of operation
⑤ Fair market value

(答え　①)

解説：キャッシュフロー計算書は会社の現金の流れについて説明しています。

問題 6

ABC Company sold merchandise for $300 on account. Which of the following journal entries should it make?

① Dr. Cash　　　　　　　　300
　　Cr. Accounts receivable　　300
② Dr. Cash　　　　　　　　300
　　Cr. Sales　　　　　　　　300
③ Dr. Accounts receivable　300
　　Cr. Sales　　　　　　　　300
④ Dr. Sales　　　　　　　　300
　　Cr. Accounts receivable　　300
⑤ Dr. Sales　　　　　　　　300
　　Cr. Cash　　　　　　　　300

(答え　③)

解説：問題は後もらいで商品を 300 ドル分売っているので，デビットには後からもらえる権利である A/R を記録し，クレジットには Sales を記録します。

問題 7

Based on the following information, determine the beginning balance of accounts receivable. Assume the all goods were sold on account.

　Sales amount during the year : $10,000

　Total cash collection in a settlement of accounts receivable
　during the year : $5,000

　Ending balance of accounts receivable 20,000

① $10,000

② $15,000

③ $20,000

④ $25,000

⑤ $30,000

（答え　②）

解説：問題は accounts receivable の期首残高を聞いています。今期の A/R は 10,000 ドル増えて，5,000 ドル減っており，差額で期末には 5,000 ドルしか残らないはずですが，期末に 20,000 ドル残っているので，15,000 ドルがもともと期首にあったことになります。

問題 8

ABC Company paid $3,000 for merchandise purchased from vendor on account. Choose the appropriate journal entry for ABC to record this transaction.

① Dr. Inventories 3,000
　　Cr. Cash 3,000
② Dr. Purchases 3,000
　　Cr. Accounts payable 3,000
③ Dr. Accounts payable 3,000
　　Cr. Cash 3,000
④ Dr. Accounts payable 3,000
　　Cr. Inventories 3,000
⑤ Dr. Accounts receivable 3,000
　　Cr. Cash 3,000

(答え　③)

解説：問題は，3,000ドルの後払いで仕入れた商品があり，この支払義務に対しキャッシュで払ったといっているので，デビットには現金を払ってもうなくなった支払義務であるAccounts payableを記録し，クレジットにはCashを記録します。

問題9

ABC company bought computer on January 1,2015 at a cost of $1600. Its useful life is 4 years and salvage value is $400.

Based on the straight Line method,What amount of depreciation expense for 2015 Income statement ?

① $800
② $500
③ $900
④ $300
⑤ $100

(答え　④)

解説：問題は ABC カンパニーが1月1日に固定資産であるコンピュータを 1,600 ドルで買って4年で償却するとき、サーベージバリューを 400 ドル残してストレートラインで計算したときのディプリシエーションを聞いています。公式に入れると（1,600 − 400）÷ 4 = 300 ドルです。

問題10

ABC Company a calendar-year company, bought a one-year fire insurance policy and paid $600 on September 1, 2016. what amount of insurance expense should be reported for the year ended December 31, 2016?

① $200
② $300
③ $400
④ $500
⑤ $600

(答え　①)

解説：問題は、9月1日に1年分の火災保険に加入し、600 ドルを払ったが、今年の年末にいくら保険料を費用計上するべきかと聞いています。600 ドルを 12 カ月で割ると1カ月分は 50 ドルなので今年は4カ月分で 200 ドルを費用計上します。残りは prepaid insurance として資産計上します。

問題11

A worksheet is an optional aid to :

① Make journal entries.
② Prepare financial statement.
③ Post to general ledger.

④ Post to special journal
⑤ Find to mistake of business operation.

(答え　②)

解説：ワークシートの役割は何かと聞いているので，財務諸表を作る準備をする表であるというのが正解。

【参考文献】

(論文)

- 白鳥栄一（1997）「国際会計基準の基本概念」『企業会計』第47巻第7号，中央経済社
- 辻山栄子（2000）「会計基準のコンバージェンス」『企業会計』第58巻第10号，中央経済社
- 辻山栄子（2002）「会計基準の国際的動向と会計測定の基本思考」『會計』第161巻第3号，日本会計学会
- 西川郁夫（2007）「企業会計委員会（ASBJ）におけるコンバージェンスへの取り組み」『企業会計』第59巻第1号，中央経済社
- 野村健太郎（2007）「グローバル化と会計基準の国際的統一」『企業会計』第59巻第2号，中央経済社
- 橋本尚（2007）「コンバージェンスの進展と東京合意を踏まえた今後の展望と課題」『経営財務』第2842号，中央経済社
- 平松一夫（1998）「フランスとドイツにおける会計基準設定機関の国際化対応」『會計』第154巻第3号，日本会計学会
- 平松一夫（1999）「IASCの将来像とわが国の会計基準設定機関」『企業会計』第51巻第7号，中央経済社
- 山田辰巳（2007）「IFRSの採用・コンバージェンスの広がり」『企業会計』第59巻第4号，中央経済社

(和書)

- 白鳥栄一（1985）『国際会計基準』日経BP社
- 新井清光，広瀬義州（1988）『国際財務会計基準』中央経済社
- 菊谷正人（1988）『英国会計基準の研究』同文舘出版
- 五十嵐則夫，古賀智敏（1999）『会計基準のグローバル化戦略』森山書店
- 稲垣冨士男編著（1996）『国際会計基準　日米英会計基準との比較解説　3訂版』同文舘出版
- 磯山友幸（2002）『国際会計基準戦争』日経BP社
- 小栗崇資，熊谷重勝，勝山進編（2003）『国際会計基準を考える』大月書店
- 菊谷正人（2002）『多国籍企業会計論』創成社
- 桜井久勝（2008）『テキスト国際会計基準　第3版』白桃書房
- 階戸照雄，建宮努（2010）『USCPA集中講義　財務会計　第4版』中央経済社
- デロイト　トウシュ　トーマツ編著（2008）『国際財務報告基準の実務　第3版』中央経済社
- デロイト　トウシュ　トーマツ編著（2008）『米国会計基準の実務　第4版』中央経済社

- 西川郁生（2000）『国際会計基準の知識』日本経済新聞社
- 橋本尚（2009）『2009年国際会計基準の衝撃』日本経済新聞出版社
- 長谷川茂男（2008）『会計コンバージェンスの仕組み』中央経済社
- 平松一夫，徳賀芳弘編著（2005）『会計基準の国際的統一』中央経済社
- 藤井秀樹（2007）『制度変化の会計学—会計基準のコンバージェンスを見すえて』中央経済社
- 藤田幸雄編著（1998）『21世紀の会計教育』白桃書房
- 藤永弘編著（2004）『大学教育と会計教育』創世社
- 藤永弘他監修，全国4系列教育会議編（2003）『外国人教授が見たニッポンの大学教育』中央経済社
- 藤沼亜紀，八田進二，橋本尚（2004）『国際会計 これまでの100年これからの100年』同文館出版
- 松井泰則（2008）『国際会計の潮流』中央経済社
- 山本昌弘（2008）『国際会計論』文眞堂
- 長谷川茂男（著）（2014）『表解 IFRS会計講義』単行本 中央経済社
- あずさ監査法人他（編集）（2014）『詳細解説 IFRS実務適用ガイドブック』中央経済社
- 平松一夫（監修）（2015）『IFRS国際会計基準の基礎（第4版）』中央経済社
- 橋本尚ほか（2015）『IFRS会計学基本テキスト（第4版）』中央経済社
- IFRS財団（編）（2014）『国際財務報告基準（IFRS）2014』中央経済社
- 東京商工会議所編（2015）『国際会計検定BATIC Subject 2 公式テキスト2015年度版』中央経済社
- 東京商工会議所編（2015）『国際会計検定BATIC Subject 1 公式テキスト2015年度版』中央経済社

（ウェブサイト）
IASB　http://www.iasb.org/Home.htm
FASB　http://www.fasb.org/
NYSEEURONEXT　http://www.nyse.com/
NASDAQ　http://www.nasdaq.com/
金融庁　http://www.fsa.go.jp/

読者の皆様へ………

★BATIC を学習する方に役立つ情報を，まぐまぐのメルマガで発信しています。ぜひ学習にお役立てください。
　　　〈国際会計検定 BATIC の第一人者　建宮准教授のメルマガ〉
　　　　　http://www.mag2.com/m/0001000952.html
★BATIC ハイスコア事例やキャリアに役立つ情報を発信しています。
　　　〈建宮准教授と通信講座で学んでキャリアアップしようね〉
　　　　　http://www.tatemiya.com/
★著者へのご質問，お問い合わせなどはこちらへ
　　　　　happyuniversity@gmail.com

〈著者紹介〉

建宮　努（たてみや　つとむ）

日本大学国際関係学部教授

博士（総合社会文化），修士（国際情報）。中小企業診断士，BATICコントローラーレベル，FP技能士2級，ビジネスマネジャー検定試験合格。国際会計，ファイナンス，マーケティング分野を中心に，経営知識をわかりやすく伝え，キャリアに活かす研究を続けている。
著者が企画した『マンガで学ぶ』シリーズ（「会計学」，「経営学」，「マーケティング」，いずれも中央経済社刊）は，そのひとつの実現結果であり，初学者の入り口学習に役立つ内容となっている。

ゼロからはじめる
英文会計入門〈第3版〉

2006年3月1日　第1版第1刷発行	
2010年4月15日　第1版第8刷発行	
2010年8月5日　第2版第1刷発行	
2014年2月20日　第2版第5刷発行	
2015年11月10日　第3版第1刷発行	著　者　建　宮　　　努
2024年4月10日　第3版第10刷発行	発行者　山　本　　　継
	発行所　㈱中央経済社
	発売元　㈱中央経済グループ　　　　　　パブリッシング

〒101-0051　東京都千代田区神田神保町1-35
電話 03（3293）3371（編集代表）
　　 03（3293）3381（営業代表）
https://www.chuokeizai.co.jp
印刷／文唱堂印刷㈱
製本／㈱関川製本所

©2015
Printed in Japan

＊頁の「欠落」や「順序違い」などがありましたらお取り替えいたしますので発売元までご送付ください。（送料小社負担）

ISBN978-4-502-16681-5　C3034

JCOPY〈出版者著作権管理機構委託出版物〉本書を無断で複写複製（コピー）することは，著作権法上の例外を除き，禁じられています。本書をコピーされる場合は事前に出版者著作権管理機構（JCOPY）の許諾を受けてください。
JCOPY〈https://www.jcopy.or.jp　eメール：info@jcopy.or.jp〉

─■おすすめします■─

学生・ビジネスマンに好評
■最新の会計諸法規を収録■

新版 会計法規集

中央経済社編

会計学の学習・受験や経理実務に役立つことを目的に，最新の会計諸法規と企業会計基準委員会等が公表した会計基準を完全収録した法規集です。

《主要内容》

会計諸基準編＝企業会計原則／外貨建取引等会計基準／研究開発費等会計基準／税効果会計基準／減損会計基準／自己株式会計基準／一株当たり当期純利益会計基準／役員賞与会計基準／純資産会計基準／株主資本等変動計算書会計基準／事業分離等会計基準／ストック・オプション会計基準／棚卸資産会計基準／金融商品会計基準／関連当事者会計基準／四半期会計基準／リース会計基準／工事契約会計基準／持分法会計基準／セグメント開示会計基準／資産除去債務会計基準／賃貸等不動産会計基準／企業結合会計基準／連結財務諸表会計基準／研究開発費等会計基準の一部改正／変更・誤謬の訂正会計基準／包括利益会計基準／退職給付会計基準／原価計算基準／監査基準　他

会　社　法　編＝会社法・施行令・施行規則／会社計算規則

金融商品取引法編＝金融商品取引法・施行令／企業内容等開示府令／財務諸表等規則・ガイドライン／連結財務諸表規則・ガイドライン／四半期財務諸表等規則・ガイドライン／四半期連結財務諸表規則・ガイドライン　他

関連法規編＝税理士法／討議資料・財務会計の概念フレームワーク　他

■中央経済社■